山东女子学院优秀学术著作出版基金资助

小学生诚信知行冲突的识别及其转换节点研究

刘 源 著

中国财经出版传媒集团

经济科学出版社
Economic Science Press

图书在版编目（CIP）数据

小学生诚信知行冲突的识别及其转换节点研究/刘源著.—北京：经济科学出版社，2018.8
 ISBN 978-7-5141-9576-7

Ⅰ.①小… Ⅱ.①刘… Ⅲ.①社会公德教育-教学研究-小学 Ⅳ.①G621.7

中国版本图书馆 CIP 数据核字（2018）第 169309 号

责任编辑：申先菊　刘　双
责任校对：杨　海
版式设计：齐　杰
责任印制：王世伟

小学生诚信知行冲突的识别及其转换节点研究
刘　源　著
经济科学出版社出版、发行　新华书店经销
社址：北京市海淀区阜成路甲 28 号　邮编：100142
总编部电话：010-88191217　发行部电话：010-88191522
网址：www.esp.com.cn
电子邮件：esp@esp.com.cn
天猫网店：经济科学出版社旗舰店
网址：http://jjkxcbs.tmall.com
北京季蜂印刷有限公司印装
710×1000　16 开　11.5 印张　220000 字
2018 年 10 月第 1 版　2018 年 10 月第 1 次印刷
ISBN 978-7-5141-9576-7　定价：68.00 元
（图书出现印装问题，本社负责调换。电话：010-88191510）
（版权所有　侵权必究　打击盗版　举报热线：010-88191661
QQ：2242791300　营销中心电话：010-88191537
电子邮箱：dbts@esp.com.cn）

前 言

诚信既是中华民族重要的传统美德之一，也是当前我国社会主义核心价值观的重要组成部分。诚信教育虽然在学校德育中占有重要地位，但是当前我国学校诚信教育的实效性尚不理想。这一现状集中反映在学生存在着诚信知行不一致的现象上。针对这一问题，本书以小学生诚信知行冲突及其转换节点为论题，通过理论分析和实证研究，着力解决小学生诚信知行冲突的识别、特征以及在诚信知行冲突转换过程中是否存在转换节点、如何识别转换节点以及如何转化处在转换节点的小学生，如何开展针对小学生个体的诚信教育问题，以便实现小学生诚信知行积极一致的教育目标。

诚信知行冲突专指具备较高诚信认知发展水平的学生在与他人或社会的交往中未能频繁表现出与之相应的诚信行为，从而表征了其诚信认知与诚信行为之间的矛盾关系。所谓诚信知行转换节点，是指学生个体在具备一定身心成熟水平基础上，由诚信教育引发的诚信认知向诚信行为转换时呈现明显阶段性的突变点，它具有隐蔽性、个体差异性和可教育性三个特征。

笔者随机选取济南市某小学三年级学生作为被试进行研究。为了了解学生的诚信认知发展水平，笔者进行了诚信观问卷调查，并通过对诚信观问卷调查结果的分析，总结出小学生诚信观的特征。为了了解学生的诚信行为现状，笔者运用田野研究、社会网络分析法和情境实验法进行调查，并通过对调查结果的分析，总结出小学生诚信行为的特征。进而通过赋值和对比学生的诚信观和诚信行为，了解学生的诚信知行冲突现状。通过分析发现，诚信知行冲突实际上可以划分为"假"的诚信知行冲突和真正的诚信知行冲突两类，而本书研究的重心集中于对真正的诚信知行冲突问题的解决上。因此，通过逐层剥离，笔者最终获得了4名真正具有"高知低行"特征的诚信知行冲突学生作为本书的典型被试，其中，具有诚实知行冲突的典型被试2名，具有守信知行冲突的典型被试2名。

在此基础上，笔者分别对存在诚实知行冲突的学生和守信知行冲突的学生进行了再观察和访谈。对典型被试处在相同情境中时都未表现出诚信知行相一致的情况进行记录，并进行深入的结构性访谈。笔者发现，小学生在诚信交往情境中实现知行统一的因素包括三个方面：一是诚信的内外监控因素，二是诚信行为目的取向因素，三是人际关系因素。笔者认为，对于具备较高诚信认知发展水平的小学生，当其处在诚信交往环境中面临现实的诚信问题时，在受到上述三个因素中较低发展水平一端的影响将要做出非诚信行为的决策或已经作出非诚信行为的决策但并未实际践行时，表征着诚信知行冲突转换节点的出现。教育者对处在诚信知行转换节点的学生提供适当的帮助将能够有效地解决学生的诚信知行冲突而实现诚信知行积极一致地转换。

本书研究认为，当前我国小学诚信教育在知行转换方面存在的问题包括两个方面：一方面是没有正确识别小学生诚信知行冲突；另一方面是实现小学生诚信知行冲突转换的路径不得法。基于前述的既有成果，本书研究认为，为了促进小学生诚信知行积极一致地转换，应该提高教师识别小学生诚信知行冲突及其转换节点的能力；应该对小学生诚信知行冲突进行有针对性的个别化教育；应该发挥同伴间诚信教育的特殊功能；应该重视提升小学生内外调控因素、行为目的取向因素和人际关系因素的水平和能力。

目 录

第一章 引言 ……………………………………………………… 1
一、研究缘起 ………………………………………………… 1
二、拟解决的主要问题和研究假设 ………………………… 4
三、主要研究方法、研究过程 ……………………………… 10
四、本书研究的价值 ………………………………………… 11
五、本书研究的创新性 ……………………………………… 12

第二章 相关概念的界定与研究现状述评 …………………… 13
一、相关概念的界定 ………………………………………… 13
二、国内外相关研究现状 …………………………………… 22

第三章 小学生诚信观现状及特征 …………………………… 29
一、个体诚信观的构成 ……………………………………… 29
二、小学生诚信观的现状调查 ……………………………… 32
三、小学生诚信观的特征 …………………………………… 38

第四章 小学生诚信行为现状及特征 ………………………… 41
一、小学生日常生活诚信行为辨析 ………………………… 41
二、小学生校内外诚信行为的观察与访谈 ………………… 44
三、小学生诚信行为的社会网络分析 ……………………… 48
四、小学生诚信行为的情境实验研究 ……………………… 54
五、小学生诚信行为的特征 ………………………………… 57

第五章 小学生诚信知行冲突的识别及其特征 ……………… 60
一、小学生诚信认知研究的赋分 …………………………… 60

二、小学生诚信行为研究的赋分 ……………………………… 68
　　三、小学生诚信知行冲突的类型识别 …………………………… 71
　　四、小学生诚信知行冲突的特征与原因 ………………………… 75

第六章　基于个案研究的小学生诚信知行冲突转换节点分析 ……… 81
　　一、探究小学生诚信知行转换节点的方法与过程 ……………… 81
　　二、对影响典型被试实现诚信知行积极一致转换因素的再分析 … 86
　　三、小学生诚信知行冲突转换节点的识别 ……………………… 94

第七章　促进小学生诚信知行转换的学校教育建议 ………………… 101
　　一、当前我国小学诚信教育在知行转换方面存在的问题 ……… 101
　　二、提高教师识别小学生诚信知行冲突及其转换节点的能力 … 104
　　三、对诚信知行冲突小学生进行有针对性的个别化教育 ……… 107
　　四、同伴间诚信教育实现的策略 ………………………………… 110
　　五、提升小学生诚信知行积极一致转换相关因素的水平和能力 … 112

结语 ……………………………………………………………………… 120
　　一、研究结论 ………………………………………………………… 120
　　二、研究不足与未来展望 …………………………………………… 121

附录1　儿童、青少年诚信观念调查问卷 …………………………… 124
附录2　小学生日常生活诚信行为实地观察记录表 ………………… 133
附录3　班级同学诚信行为调查问卷 ………………………………… 134
附录4　被试诚实行为一览表 ………………………………………… 136
附录5　被试守信行为一览表 ………………………………………… 138
附录6　小学生诚信知行冲突状况一览表 …………………………… 140
附录7　小学生诚信知行冲突访谈提纲 ……………………………… 144
附录8　小学生守信知行冲突访谈提纲 ……………………………… 145
附录9　小学生诚信知行冲突访谈记录1 …………………………… 146
附录10　小学生诚信知行冲突访谈记录2 ………………………… 150
附录11　小学生守信知行冲突访谈记录1 ………………………… 154
附录12　小学生守信知行冲突访谈记录2 ………………………… 157
参考文献 ………………………………………………………………… 162
后记 ……………………………………………………………………… 176

第一章

引　言

诚信是人与他人、人与社会交往中的一种重要道德品质，是社会主义核心价值观的重要组成部分。在《关于培育和践行社会主义核心价值观的意见》中，明确提出了"把社会主义核心价值观纳入国民教育总体规划，贯穿于基础教育、高等教育、职业技术教育、成人教育各领域，落实到教育教学和管理服务各环节，覆盖到所有学校和受教育者，形成课堂教学、社会实践、校园文化多位一体的育人平台"的要求。[①] 作为社会主义核心价值观教育的重要组成部分，诚信教育在当前我国学校教育中占有十分重要的地位。

一、研究缘起

早在2004年，在《教育部办公厅关于进一步加强中小学诚信教育的通知》中就明确指出了中小学校担负着培育学生诚信品德的重要职责。[②] 随着党的十八大提出培育和践行社会主义核心价值观以来，中小学对于诚信教育的重要性有了更加深入的认识。但是，一些实际存在着的现象不得不引发我们的思考。

一方面，当前我国中小学校普遍重视学生诚信品德的培养。在当前我国中小学品德课教材中，均设置了有关诚信教育的专门内容，如人民教育出版社《品德与社会》五年级上册中的"第一单元让诚信伴随着我"和《思想品德》八年级上册中的"第十课诚信做人到永远"，都围绕诚信品德专门展开；一些地区和学

[①] 新华网. 中共中央办公厅印发《关于培育和践行社会主义核心价值观的意见》[EB/OL]. http://news.xinhuanet.com/politics/2013-12/23/c_118674689.htm. 2013-12-23.

[②] 教育部. 教育部办公厅关于进一步加强中小学诚信教育的通知 [EB/OL]. http://www.moe.edu.cn/publicfiles/business/htmlfiles/moe/moe_358/201001/81949.html. 2004-3-25.

校通过开设地方课程或校本课程，进一步促进诚信品德的养成和强化。① 全国各地中小学普遍开展了形式多样的诚信教育主题活动，弘扬诚信美德，北京、沈阳等地的中小学还积极设立诚信考场，引导和培育学生对于诚信品德重要性的认识。不难看出，当前我国中小学为促进学生诚信品德的发展做出了一些工作，并取得了一定的成绩。相关调查研究表明，当前我国儿童青少年在认知层面上基本能够对诚信有准确的把握，② 说明中小学诚信教育取得了一定的实效性。

另一方面，我国教育领域"诚信缺失"的问题也是接连不断。2012 年的一项学生诚信行为的调查表明，"在过去一年里，半数以上的学生向父母说过谎，有过抄袭作业行为；超过 30% 的学生缺乏惜时守诺意识"。③ 而在 2014 年某地教育部门的一份调查报告中显示，在对该地中小学生的诚信行为调查中，49.08%的学生曾在考试中作弊，71.60% 的学生曾抄袭他人作业，51.83% 的学生曾编造理由隐瞒迟到、旷课等问题，63.76% 的学生曾有过不兑现承诺的情况④……而据河北新闻网报道，网络上流传着这样一首打油诗："纵使作业堆积如山，我也不用提心吊胆，百度搜索 QQ 留言，轻轻松松找人抄完"。这反映出当前中小学生中存在着的一个诚信缺失现象——找人代写作业。该报道称，通过百度、QQ、微信等社交平台搜索"代写暑假作业"，相继出现了数十万，甚至数百万个搜索结果，而在淘宝上更是明码标价！⑤

虽然中小学生中诚信知行之间不一致的问题确实存在着，但是相关研究却并不充分，在中国知网数据库中仅有寥寥几篇较为系统的论述，包括王丹的博士学位论文《我国小学低年级学生诚信知行冲突的现状、原因及教育建议》，杜晶的硕士学位论文《初中生诚信知行冲突的情境影响因素研究》以及其他几篇相关作者的学术期刊论文等。而如果把视野仅仅盯在教育学界时，则不难发现仅有王丹一人对此进行了专门研究。

在《我国小学低年级学生诚信知行冲突的现状、原因及教育建议》一文中，王丹将上述小学生中存在着的诚信知行之间不一致的问题归纳为"诚信知行冲突"这一概念，并较为详细地分析了小学低年级学生的诚信知行冲突特征、类

---

① 湖北教育新闻网. 三官殿小学自编校本教材《诚信的故事》走进课堂 [EB/OL]. http://news.e21.cn/html/article/2015/11/20151111132513_yxnp55n0lb.html. 2015 - 11 - 11.
② 李德显，傅维利等. 我国儿童、青少年诚信观发展现状研究 [J]. 教育科学，2011 (2)：1 - 7.
③ 赵丽霞. 当前我国中小学生基本道德品质调查研究 [J]. 中国教育学刊，2012 (7)：76 - 79.
④ 潮州新闻网. 学生中诚信缺失表现随处可见 [EB/OL]. http://wscz.chaozhou.gov.cn/informations/news_detail.aspx? id = 19114. 2014 - 7 - 16.
⑤ 河北新闻网. 中小学生热衷找人代写暑假作业"低龄失信"堪忧 [EB/OL]. http://yanzhao.yzdsb.com.cn/system/2014/08/26/013882030.shtml. 2014 - 8 - 26.

型，并以解决学生诚信知行冲突为目的，提出了一些促进小学低年级学生诚信知行转换的学校教育建议。应该说，王丹的研究为学校诚信教育解决学生中存在着的诚信知行之间不一致的问题提供了一定的理论依据和实践指导。但是，如果进一步分析她的研究来看，尚可以发现两个具有重要研究价值的内容有待深化：其一，对于诚信知行冲突的识别有待深化。可能是由于相关研究尚处在起始阶段，王丹的研究只是对小学生诚信知行关系初步分类，并提出和分析了诚信知行冲突的概念、特征和类型，而对于具有诚信知行冲突的小学生内部是否还存在着"特殊情况"则不十分明了。也就是说，当我们试图去识别学生的诚信知行冲突的水平时，还缺乏必要的依据和标准。其二，对于推动具有诚信知行冲突问题的学生的转化也亟待突破。不论是受社会普遍认识的影响，还是该作者受研究所依据的理论假设所限，我们可以看到，在这项研究中该作者对于"诚信知行冲突"的认识仅仅局限在"问题"上。或者可以说，当我们识别出某学生具有诚信知行冲突时，他就是一个在品德上有问题的学生，需要教育者通过一定的手段解决这一问题，促使这名学生诚信品德的成长。但是，笔者认为这其中又存在着两个重要问题：一是是否每一名存在诚信知行冲突问题的学生都已经做好了由知到行转换的"准备"，包括思维发展水平是否已经做好了准备、学生主观判断与其言行达到一致可能性的能力的准备、社会化的自我意识的准备等。不可否认，这些条件是实现学生诚信知行转换的重要基础。例如，在思维发展水平方面，皮亚杰的已有研究表明，儿童的道德发展不仅取决于他了解的道德知识的多少，更重要的是取决于儿童道德思维发展的程度，同时，他还指出儿童的道德发展存在明显的阶段性特点和顺序性特点。我国学者林崇德等人的研究也指出，小学阶段（六七岁~十一二岁）是品德发展的协调性时期，容易出现比较协调的外部和内部动作、道德知识系统化以及形成相应的行为习惯。[①] 总之，已有研究确实反映出这样一条原理：只有当儿童处在某一特定阶段时，即指儿童在身心、社会等方面具备了一定的基础时，他们才有可能践行知行相一致的道德品质。而这一问题实际上与前述的有关更加深入地探析诚信知行冲突的内部结构，以便更完整地识别诚信知行冲突相关。二是是否诚信知行冲突对于学校诚信教育具有某种教育价值，也就是说，当教育者识别出学生具有诚信知行冲突时，是否恰恰表征了其已经具备了某种实现由诚信认知到诚信行为合理转换的准备。笔者认为，当学生出现某种诚信知行冲突的时候，正是他的诚信认知接受某种或外部环境或内部心理的考验的时候，而这种考验的实质也是其做出是否要依据自己已经具备的诚信认知的指导表

---

① 林崇德著. 品德发展心理学［M］. 上海：上海教育出版社，1992：124.

现出相应的诚信行为的决策的过程。如果其依据自身的诚信认知选择表现出相应的诚信行为，那么我们便认为其的诚信知行是一致的；相反，如果其没有依据自身诚信认知的指导，选择做出有违诚信认知的诚信行为时，我们便会认为其诚信知行不一致，即是诚信知行冲突本身。因此，笔者所提问题的实质，即如果当我们不仅将学生的诚信知行冲突视为一个问题，而是将它视为一种有利于实现诚信知行一致转换的契机时，那么可以发现它的教育价值。而这一契机可能就是促进学生诚信知行转换的某个关键节点，也正是学校诚信教育提高其实效性的关键所在。

基于此，笔者深感有必要沿着既有研究的成果继续深入下去，从而为进一步破解学校诚信教育的难题提供必要的理论思考和分析，这也正是本书选题的基本缘由。

二、拟解决的主要问题和研究假设

（一）拟解决的主要问题

本书选题拟解决的主要问题包括两个：一是通过对小学生诚信认知发展水平和实际表现出来的诚信行为水平的调查与比对，进一步深化研究识别小学生诚信知行冲突不同水平和类型的既有研究；二是基于对小学生诚信知行冲突的深入研究，寻找在解决小学生诚信知行转换过程中，是否存在转换节点、如何识别转换节点以及如何转化处在转换节点的小学生，解决如何开展针对小学生个体的诚信教育的问题，以便实现小学生诚信知行积极一致的教育目标。

（二）研究假设

小学阶段是儿童品德发展的协调时期，在道德认知、道德情感、道德意志和道德行为等方面都有了一定的发展。特别是在这一阶段，儿童的思维发展由具体形象性逐渐向抽象逻辑性发展，对概念理解的深刻性和抽象性等方面的言语水平也得到了一定的发展，这就使得他们在对道德概念的理解上、道德判断上以及自觉践行道德上都获得了相应的发展，从而促使他们能够由以往依附于家长或教师的道德命令转向依据个体内心的道德需求。同时，心理学有关小学阶段儿童品德发展关键期的相关研究表明，大致在小学三年级下学期前后，儿童整体的品德发展过程中会出现上述质变，这与上述的儿童在思维、言语等方面发展的转折存在着明显的相关性。① 因此可以说，在小学三年级下学期这一时期介入到儿童的道德世界中，对于任何研究都具有重要的价值。正因如此，本书研究在选择研究被试时选取了一批处在小学三年级下学期的小学生。

对诚信知行冲突的研究不得不讨论诚信认知与诚信行为之间的关系。诚信认知是个体对现实生活中的诚信关系和诚信规范的系统认识，它既依赖于个体的知识、思维和态度等因素的发展水平，又深受个体所处的社会文化、生活环境以及交往对象的影响。诚信行为则是个体依据其诚信认知的指导表现出来的具有道德意义的实际活动。对于二者的关系，我们至少可以在以下三个方面有所认识：首先，诚信认知与诚信行为的关系深受哲学、伦理学等学科的影响。道德认知与道德行为之间的关系是哲学、伦理学等学科讨论的一个恒久命题：我国自古以来就对知与行的先后、难易等问题争论不已；西方哲学史上的唯物主义与唯心主义、唯名论与唯实论围绕这一问题也不乏纷争。总体而言，这些研究和论述都各有道理，从而造成了一个较为尴尬的局面，即站在任何一方进行的研究都可以被证实，也可以被证伪。其次，由诚信认知向诚信行为的合理转换至少在一定范围内得到了证明和认可，并且通常也是作为评价个体诚信品德发展水平的标准。现代心理学有关个体品德发展的相关研究至少在一定程度上表明了个体道德认知发展水平会直接影响其表现出何种程度的道德行为，比如，科尔伯格的道德认知发展阶段理论就展现了处在不同道德认知发展水平上的个体对于同样的道德行为的评价的差异。本书研究赞成上述观点，基于此，展开相关研究。通过衡量个体诚信认知向诚信行为转换的情况，可以对个体的诚信品德发展水平做出评价，从而能够实现有所区别的教育。第三，在由诚信认知向诚信行为转换的过程中存在着不一致的现象，即诚信知行冲突；可以说，诚信知行冲突是诚信知行转换过程中的一种非常态。在理想状态下，教育者都希望通过对被教育者的诚信教育实现其由诚信认知向诚信行为的合理转换，但是现实中又确实存在着二者之间的不一致。但是，这种非常态却恰恰揭示出了一种相对完整的诚信认知与诚信行为之间的关系，即个体的诚信认知不一定必然导致相应的诚信行为的出现，但是个体诚信认知发展水平的逐渐提高却是保证个体更加自觉地、持久地表现出相应诚信行为的前提和保障。

由此重新审视诚信知行冲突问题的研究，首先可以获得识别它的标准——个体诚信认知与诚信行为之间的不一致。在现实生活中，个体的诚信认知往往通过

---

① 邵景进，刘浩强. 我国小学生品德发展关键期研究的述评与展望［J］. 心理科学，2005（2）：412－415.

其诚信观集中表现出来。作为诚信认知的结果性表现，诚信观是在个体有关诚信的知识、品德心理、社会文化、生活经历等因素的共同作用下，产生的对于诚信的基本看法。通常情况下，可以将社会中大多数人的诚信观视为社会主流的诚信观，从而作为评价整个社会诚信状况的某种标准。因此，对个体诚信观的调查和测量基本可以满足对个体诚信认知发展水平认识和评价的需求。诚信行为包括诚实行为（例如实话实说、真实地表达自己的观点、如实地反映情况等）和守信行为（例如遵守并践行诺言、按时参加活动等）两类，并可以通过观察个体实际的行为表现获得。对这二者的比较和分析，便可以了解小学生诚信知行冲突的现状、特征等，并可以据此深入分析和讨论小学生诚信知行冲突的识别问题。

识别小学生诚信知行冲突的目的在于通过学校诚信教育破解它，从而促使学生诚信品德的养成。因此，即使我们首先将诚信知行冲突是否具有重要的教育价值这一问题搁置，也同样需要以一种乐观的、发展性的观点来看待小学生中存在着的诚信知行不一致的问题。这种乐观的、发展性的观点就是维果茨基（Lev Vygotsky）的"最近发展区"理论。

20世纪30年代前后，维果茨基提出"最近发展区"的概念并以此为中介，创造性地阐释了教学与发展之间的关系。维果茨基认为，儿童实际存在两种发展水平，一种是儿童当前的发展水平，指"一定的已经完成的儿童发展周期的结果和由它而形成的心理机能的发展水平"。[①] 另一种则是儿童当前的发展水平在成人指导下或有能力的同伴合作中的潜在发展水平。在这两种发展水平之间存在的差距就是最近发展区。维果茨基曾进行过一个实验研究最近发展区的具体所指。他对两个同样智龄是7岁的儿童进行测验，其中一名儿童可以在成人和比他水平高的同伴的帮助和启发下通过9岁智龄儿童的测验，而另一名儿童则在相同情况下只能达到7岁半智龄儿童的测验。维果茨基认为，这两个儿童具有不同的"最近发展区"，或者也可以理解为第一名儿童比第二名儿童具有更大的发展潜能。这一发展潜能的创造与成人和比自己水平高的同伴的帮助和启发是密切相关的。最近发展区理论实际上指出了儿童以当前发展水平为基础，在问题解决的过程中受到特定对象的指导和影响从而突破问题解决过程中遇到的困难，进而达到比当前发展水平更高的发展水平的过程。因此，在教学与发展之间的关系上，维果茨基认为教学不应该仅仅着眼于儿童的第一种发展水平，还应该着眼于儿童的潜在发展水平，从而帮助学生达到一个更高的水平。

维果茨基的最近发展区理论为破解小学生诚信知行冲突的问题指明了以下三

---

① [苏] 维果茨基著，余震球译. 维果茨基教育论著选 [M]. 北京：人民教育出版社，2004：385.

点：其一，应该更加充分且合理地认识小学生诚信知行冲突问题。维果茨基的最近发展区理论直接揭示出儿童具有某种发展潜力这样一条公理。虽然他并未对儿童品德发展进行过专门研究，但是心理学在内的其他相关研究已经从不同侧面证明了个体的品德发展具有不同的发展阶段的事实，例如科尔伯格的道德认知发展阶段理论证明了个体道德认知发展的"三水平六阶段"；霍夫曼等人的研究证明了个体道德移情发展可以划分为五个不同的水平。[1] 同时，维果茨基的研究也表明，儿童所具有的这种发展潜力可以通过某种合理的教学得以实现，从而转换成为儿童当前具有的更高层次的发展水平。另外，前文中提到的维果茨基对两个7岁智龄儿童的实验也引起我们的注意，即使当前处在相同发展水平的儿童，他们的最近发展区也是具有差异性的，从而决定了他们能够达到的更高层次的发展水平也会具有一定的差异性。

从维果茨基的最近发展区理论出发重新审视小学生诚信知行冲突的问题，笔者认为儿童的诚信品德发展同样具有某种潜力。这实际上首先要求我们将小学生诚信知行的不一致视为诚信品德发展中的相对较低的水平，并相信它可以在适当地教育下得以发展，从而促使小学生实现由诚信认知向诚信行为的合理转换。

其二，实现小学生诚信知行之间合理的转换需要采用有针对性的个别化教育。与以往对儿童智力发展水平的测验不同，维果茨基提出的最近发展区理论并不孤立的测评个体现有发展水平，而是允许儿童通过外在帮助而表现出更高的发展水平。这种外在帮助主要是指来自于教师的即时指导或与有能力的同伴的合作——这实际上为儿童能够更好地解决问题提供了"脚手架"。虽然由于维果茨基的早逝，他并没有实现有关最近发展区理论的研究计划，导致我们不能全面地了解他所谓的通过教学创造最近发展区的观点，但是后继的研究者们根据他提出的相关理论和原则，发展了最近发展区的原有内涵，取得了较为完整的理论成果，支架式教学理论和动态测评就是其中的典型范例。通过这些理论不难发现，围绕儿童最近发展区的教学和测评都要提供给学生个别化的、适当的、小步调的线索和提示，促使学生通过一个又一个的"脚手架"逐渐解决学习中遇到的问题，从而攀升到更高的发展水平。

由此反观小学生诚信知行冲突问题，可能恰恰是由于在小学生由诚信认知向诚信行为的转换过程中，遇到了某种超越其问题解决能力的现实因素，导致了其没有实现二者的合理转换，从而出现了诚信知行冲突。这也正说明了，当小学生

---

[1] 霍夫曼著．杨韶刚、万明译．移情与道德发展：关爱和公正的内涵［M］．哈尔滨：黑龙江人民出版社，2003：83－116．

面临那些现实因素时,如果能够获得来自于教师的即时指导或与有能力的同伴的合作的话,也许就有可能避免由其自己处理时容易发生的诚信知行冲突,并且推动其实现由诚信认知向诚信行为的合理转换。由此,我们似乎已经对于诚信知行冲突的教育价值有了某种新的却仍然是模糊的认识或见解。

其三,并非所有具有诚信知行冲突问题的小学生都有可能在同样时间、同样情境下实现转换。如前所述,维果茨基对两个7岁智龄儿童的实验表明儿童的最近发展区具有差异性;而在实际生活中也不难发现,即使是处在同一年龄阶段、同一班级中的儿童的现有发展水平也存在差异性。维果茨基据此进行了一个有关四个班级儿童识字水平的实验用以说明最近发展区的动态性。他根据学前期儿童的识字情况将儿童分为四组:A组是学前期识字的高智商儿童,并进入全班都识字的班级中学习;B组是学前期识字的低智商儿童,并进入全班都不识字的班级中学习;C组是学前期未识字的高智商儿童,并进入全班都识字的班级中学习;D组是学前期未识字的低智商儿童,并进入全班都不识字的班级中学习。实验过程及结果见表1-1。

表1-1　　　　　　　　　　四组儿童识字学习实验

组别	智商	进入班级	成绩 绝对成绩	成绩 相对成绩	最近发展区
A组	高	识字	好	好	大
B组	低	不识字	好	不好	小
C组	高	识字	不好	好	小
D组	低	不识字	好	好	大

实验结果显示,由于前述两种差异性的存在,会造成班级内学生之间的学习差异。这一实验结果更加深入地表明:不同现有发展水平的学生之间各自可能达到的更高的发展水平是不同的;相同现有发展水平的学生之间所能达到的更高的发展水平也可能是不同的。因此,维果茨基指出,儿童发展的最关键之处在于当学生越接近最近发展区时,他越有可能达到更高的、潜在的发展水平。

基于前两点认识,我们已经对诚信知行冲突有了一种不同的认识,但是笔者仍然使用了"模糊的"一词。这是因为,一方面我们至今仍然不具有区分具有诚信知行冲突问题的小学生现有发展水平的依据和标准,这就造成了对于他们可能达到的更高发展水平的模糊。这实际上回到了本书研究第一个拟解决的问题上,即如何深入识别小学生诚信知行冲突的问题上。另一方面,当我们将诚信知行冲突视为小学生现有的较低的发展水平，并且经过前面的论述还可以使我们认识到即使对于具有诚信知行冲突问题的小学生群体内部也可能存在着发展水平的高低差异，即有的小学生已经临近自己的最近发展区，从而为达到更高的、潜在的诚信知行关系做好了准备；而有的小学生尚处在距离最近发展区较远处，因而当下还不足以使他达到相同的更高的、潜在的诚信知行关系。在我们深入识别小学生的诚信知行冲突水平的基础上，我们似乎就有可能对他们可能达到的更高发展水平有所认识，而如上所述的已经临近自己最近发展区的小学生就将是最有可能实现由诚信认知向诚信行为合理转换的个体。这就不难设想，"临近自己最近发展区"的那个点正是诚信知行冲突问题得以破解，从而实现诚信知行之间合理转换的关键，即转换节点。

因此，本书研究又回到了研究起点——小学生诚信知行冲突的识别上。王丹指出小学生由诚信认知向诚信行为的转换包括四种类型：[①]"有知而行"型，即"学生在诚信认知的指导下表现出相应的诚信行为"；"知而不行"型，即"学生在诚信认知的指导下未表现出相应的诚信行为"；"无知而无行"型，即"学生在无诚信认知的指导下未表现出相应的诚信行为"；"不知而行"型，即"学生在无诚信认知的指导下表现出相应的诚信行为"。这四种类型中，第一种类型和第三种类型是学生品德发展的常规状态，而第二种和第四种则是学生品德发展的非常规状态，因而构成了学生诚信知行冲突。

在上述四种类型的基础之上，笔者认为可以进一步以学生诚信知行冲突类型为标准划分为小学生诚信知行关系，从而将小学生诚信知行关系转换划分为积极的诚信知行一致、诚信知行冲突和消极的诚信知行一致三类群体。积极的诚信知行一致是指学生具备了较高水平的诚信认知，并且在具体情境下表现出与其诚信认知一致的诚信行为，例如，小学生认为自己应该真实地表达自己的想法，当某个同伴出现错误时，他指出了同伴的错误，表明他是积极的诚信知行一致；消极的诚信知行一致是指学生具备了较低水平的诚信认知，并且在具体情境下表现出与其诚信认知一致的诚信行为，例如，小学生认为自己捡到的东西就是自己的，而不应该向别人承认，当他捡到别人的东西又藏起来时，就是消极的诚信知行一致；诚信知行冲突实际上有两种情况，一是学生具备了较高水平的诚信认知，但在具体情境下没有表现出与其诚信认知一致的诚信行为，即"高知低行"的诚信知行冲突。二是学生具备了较低水平的诚信认知，而在具体情境下表现出与较高

---

① 王丹. 我国小学低年级学生诚信知行冲突的现状、原因及教育建议 [D]. 大连：辽宁师范大学，2009：21.

水平的诚信认知相一致的诚信行为，即"低知高行"的诚信知行冲突。在本书研究中，诚信知行冲突专指具有"高知低行"特征的诚信知行冲突。

同时，从维果茨基的最近发展区理论来看，影响学生能否顺利度过最近发展区、实现转换包括两个主要因素，一是学生当前的发展水平，二是当前水平的力所不及而在教师指导或有能力的同伴的合作中可以实现的发展水平。从第一个因素来看，学生当前的发展水平主要是与解决特定问题相关联的诚信认知发展水平相关，即小学生诚信认知的发展水平越高，其由诚信知行冲突向积极的诚信知行一致转换的最近发展区越短，越有助于其实现诚信知行由冲突向积极的一致的转换。从第二个方面来看，虽然个体的诚信认知具备了一定的发展水平，但是通过个体自主活动尚不足以表现出相应的诚信行为，从而造成了学生的诚信知行冲突，因而只有再次通过与他人、社会的交往才有可能得已转换，而学校诚信教育的作用和价值正体现于此。笔者将通过观察、访谈等方法的运用，研究小学生由诚信知行冲突向积极的诚信知行一致发展，从而在这一发展历程中，探讨小学生诚信知行转换节点的识别问题。

三、主要研究方法、研究过程

（一）主要研究方法

1. 问卷法。本书研究主要涉及两份问卷。一是傅维利教授的《儿童、青少年诚信观念调查问卷》，以便了解小学生被试的诚信观发展水平，从而作为评价小学生诚信认知方面的依据和标准。二是笔者自编基于社会网络的《班级同学诚信行为调查问卷》，以便了解学生被试的诚信行为网络结构，从而作为评价小学生诚信行为方面的依据和标准。

2. 田野研究。本书研究分别采用了两个阶段的田野研究：前一阶段的田野研究着眼于通过观察法和访谈法调查小学生日常生活中的诚信行为，从而作为评价小学生诚信行为方面的依据和标准；后一阶段的田野研究着眼于通过观察法和访谈法对具有诚信知行冲突的小学生在其诚信知行转换过程中是否存在转换节点和如何识别转换节点进行调查和分析。

3. 情境实验法。即在小学生日常班级生活的自然条件下，有目的、有计划地创设和控制一定的条件来进行研究的一种方法。本书研究共采用四种情境实验，包括诚实实验两种和守信实验两种。诚实实验Ⅰ随堂测验是否作弊的自我汇报；诚实实验Ⅱ兑换小礼物所需定额数量印章的自我汇报；守信实验Ⅰ在不同物质奖励情况下，布置按时提交读后感的完成情况；守信实验Ⅱ组织班级辩论会，小组模拟时能不能制定并遵守正、反方角色分配规则。

（二）研究过程

第一，通过对国内外相关研究文献的述评，厘清当前研究的基本历史脉络，寻找当前研究存在的不足和尚未解决的问题，以此作为本书选题的研究基础。

第二，使用傅维利教授《儿童、青少年诚信观念调查问卷》施测，了解小学生被试的诚信观发展水平；编写小学生日常生活诚信行为清单，并运用田野研究中的观察法和访谈法了解小学生日常生活中实际发生的诚信行为，运用自编《班级同学诚信行为调查问卷》了解他们日常生活中与同学真实发生的诚信行为；运用情境实验法，通过创设一种真实的实验情境，观察他们在特殊情境中的诚信行为表现。在此基础上，通过系统的赋分规则，将小学生诚信认知和诚信行为进行对比，划分积极的诚信知行一致、诚信知行冲突和消极的诚信知行一致三类群体，并进一步研究制定小学生诚信知行冲突的识别标准，指出诚信知行冲突的内部发展水平以及不同发展水平的特征。

第三，再次运用观察法和访谈法对具有诚信知行冲突问题的小学生进行调查，探寻影响小学生实现积极的诚信知行一致的因素，并在此基础上，通过对比具有诚信知行冲突问题学生的差异，识别诚信知行冲突转换的节点。

第四，根据前述研究结果，提出相应的促进小学生诚信知行转换的学校教育建议。

四、本书研究的价值

（一）理论价值

本书研究对于小学生诚信教育中最为关键的环节——诚信知行冲突及其转换节点的理论问题进行了探讨，包括诚信知行冲突的识别、特征，和诚信知行转换节点的概念、特征等基本理论问题进行了解析，厘清了已有研究的分歧与问题；对小学生诚信知行冲突的内部发展水平、诚信知行冲突的转换节点是否存在以及识别等理论问题进行了较为系统研究，深化了已有研究，这有助于我们更加深刻地认识小学生诚信教育的基本规律。

（二）实践价值

本书研究通过理论分析和实证调查，对当前我国小学生诚信知行冲突现状、诚信知行冲突的转换过程进行了研究，并在此基础上，提出了小学生诚信知行冲突的识别标准和小学生诚信知行冲突的转换节点的识别标准，形成了质化行为指标，并提出了具有可行性的小学生诚信知行转换的学校教育建议，这将有助于提高学校诚信教育的实效性，有利于小学生诚信品德的培养。

五、本书研究的创新性

任何科学研究的价值都在于能够通过对前人已有研究成果的吸收的基础之上，有所突破和创新，从而进一步推动某一研究问题或研究领域的发展。笔者认为本书研究在以下三个方面做出了一定的突破和创新：第一，针对当前我国中小学教育实践中，较为普遍地存在着的学生诚信认知与诚信行为之间的矛盾关系问题，本书将在以往研究的基础上，着眼于研制识别小学生诚信知行冲突不同水平和类型；寻找在小学生诚信知行转换的过程中，是否存在着某一关键节点，从而使得学校诚信教育和教育者能够在识别该关键节点的基础上，促进他们实现由诚信认知向诚信行为的合理转换，从而更好地推动这一学生群体在诚信品德的成长和发展，这是本书研究的一个重要创新。第二，本书研究在对小学生诚信知行冲突及其转换节点进行研究时，既采用了定量研究的方法，又采用了质性研究的方法，特别是在研究过程中采用了社会科学研究领域较先进的研究方法，如社会网络分析法，以及突破已有研究采用传统静态测验的思想测验小学生诚信知行发展水平，这是本书研究的一个重要创新。第三，本书研究通过系统研究，展现了小学生诚信知行转换过程中，确实存在着某一关键节点，这一关键节点反映着存在诚信知行冲突问题的小学生已经为实现由诚信认知向诚信行为积极一致地转换作为了充分的准备，因此，对处在这一关键节点上的小学生的有效指导可以促进他们诚信知行积极一致地转换。同时，这一研究结论既是对维果茨基最近发展区理论的一个重要发展，也是对诚信教育研究的一个重要理论发展，因此，不论是对于教育理论研究，还是对于指导教育实践工作，都是一个重要的创新。另外，本书研究将着眼点置于"诚信"这一重要道德范畴中，对于其他的道德范畴也能够具有一定的借鉴价值，这也是本书所具有的额外的创新。

第二章

相关概念的界定与研究现状述评

学术研究始于对某一概念的准确界定，以便明确自身研究的界限，从而与其他相关研究区别开来；同时，学术研究不能孤立存在，因而需要依赖于以往研究作为当下研究的基础。因此，本章的首要任务是对本书所涉及的几个重要概念进行界定，并在对以往相关研究的历史追踪中，进一步明确自己的研究问题。

一、相关概念的界定

（一）诚信和诚信教育

诚信是中国传统文化中最为重要的道德品质之一。在中国传统道德思想中，"诚"具有本体论的意义。在《尚书·太甲》中有"鬼神无常享，享于克诚"[①]的论述。其中，"诚"即虔诚，主要指人们笃信鬼神的虔诚心理。至《周易》始，"诚"开始摆脱纯粹的宗教色彩，具有了"日用常行"的伦理道德意味。而到了孔子儒学之后，"诚"的伦理道德意味日渐清晰。《中庸》中"诚者，天之道也；诚之者，人之道也"[②]的论述揭示出"诚"之于个人道德修养的根源性。而儒家另一经典《大学》中同样将"诚意"作为一项重要道德修养的环节。[③] 宋明理学时期，"诚"的重要价值更是为理学家所重视，如周敦颐说："诚者，圣人之本"，是"五常之本，百行之源"。[④] 又如朱熹所说："诚者，真实无妄之谓，

---

① 《尚书·太甲》。
② 《礼记·中庸》。
③ 《礼记·大学》。
④ 《周子全书·通书》。

天理之本然也。"① 都反映了"诚"的至关重要性。

在中国传统伦理道德观念中,"信"同样具有举足轻重的地位。与"诚"相似,"信"在孔子儒学形成之前,也多用于人们对鬼神的虔信。到了孔子这里,"信"无论是对个人,还是对社会和国家的治理都具有重要意义。对于个人而言,孔子提出"人而无信,不知其可也。大车无𫐄,小车无𫐐,其何以行之哉?"的观点。② 而对于治理国家而言,孔子认为宁可"去兵""去食",也不可"去信",即"民无信不立"。③ 后世儒家都十分重视"信"的价值,如董仲舒将仁、义、礼、智、信概括为"五常",认为是天的"五行"的表现。④ 同时,随着对"诚"与"信"的认识的不断加深,后世儒学家们也认识到"诚"与"信"的密切关系。如二程提出"诚则信矣,信则诚矣"的命题。⑤ 而明朝的王阳明则以树木的根叶为隐喻,将"诚"视为"根","信"视为"枝叶",表明了"诚"是"信"的根本,而"信"是"诚"的外在表现的观点。⑥

当前学术界对于诚信的内涵界定存在三种主要看法:第一,诚信是一种道德规范或品质。傅维利认为"诚信是指主体能够按其主观意愿,在作出主观判断的基础上,真实地表达客观事实及其主观判断,作出相应的承诺,并按此践行的一种道德规范或品质。"其中,诚信之"道""表现为社会对人们诚信行为普遍的规范性要求",诚信之"德""是具体个人在诚信方面所表现出的心理和行为上的品质特征。"⑦ 第二,诚信是一项法律原则。作为一项法律原则存在的"诚信"古已有之,不论是我国古代的地契、房契,还是西方商业法、民法都十分重视"诚信"的重要价值。法律界对诚信的内涵有三种代表性的观点:一是语义学的解释,即诚信是对民事活动的参加者不进行任何欺诈、恪守信用的要求;二是认为诚信即是对当事人进行民事活动时所必须具备的诚实心态的要求,也是对法官自由裁量权的授予;三是指适用于一切民事关系的民法准则,即主观诚信和客观诚信。⑧ 第三,诚信是市场经济的黄金规则。经济学领域中诚信概念主要包含五种:(1) 指存在风险状态下对联盟伙伴的依赖;(2) 合作各方确信不存在一方利用另一方的劣势换取利益;(3) 对被信任方采取合意行动可能性的信念和预

---

① 《四书章句集注·中庸章句》。
② 《论语·为政》。
③ 《论语·颜渊》。
④ 《春秋繁露》。
⑤ 《河南程氏遗书·卷二十五》。
⑥ 《传习录·上卷》。
⑦ 傅维利,王丹等. 诚信观的构成及其对诚信教育的启示 [J]. 教育研究,2010 (1):44-49.
⑧ 赵爱玲. 国内诚信研究综述 [J]. 道德与文明,2004 (1):68-71.

期;(4)一方对另一方信誉和可靠性的评价;(5)构成社会资本的核心。①

以上多学科、多角度的诚信概念解析反映出诚信两个方面的内涵:一方面,诚信是个人内在的道德品质,是一种通过社会舆论、交往压力或内心良知来调节个人与他人、个人与社会和个人与自然的一种行为准则;另一方面,诚信是构成和调节人与人之间各种社会关系的最基本的行为规范之一。在这两个方面中,道德品质是其内核,而由此外显的行为才构成了人与人之间的基本社会关系。本书研究认为诚信是指个体依据诚信准则调节个人与他人的交往并在此基础上形成的一种特殊的社会关系。将诚信视为一种关系,决定了本书研究对小学生诚信知行关系的研究要依据于他们较为稳定的社会关系,而由于研究本身的限制,本书研究则主要侧重于学校和班级环境下小学生与教师和同伴间的诚信关系。

相对于学术界对于"诚信"概念认识的不统一,学者们对于诚信教育的界定也尚未统一。近年来国内诚信教育的概念大致包括:

朱英萍认为,诚信教育是"以诚为本的教育,是建立在诚信基础上的,对自身、对学生、家长和社会,对科学、学问等所有教育的主客体均实事求是、讲求信誉和信用的教育"。②

李成才和谭群瑛认为诚信教育的内涵有三层。第一层是"培养诚信之人的教育,即使受教育者成为富有理念和诚信品德的教育";第二层是"教育本身是诚信的,即教育自身对受教育者、社会和国家是诚信的";第三层是"教学自身的诚信,即在自觉和自在中教学诚信的教育。"③

郭学文认为,"诚信教育是指关于善意行使权利并履行法定义务、道德义务和纪律义务,在工作、学习和生活中诚实不欺、真诚无妄、言而有信、言出必践、信守诺言的人生准则、行为规范与理念教育"。④

索凯峰认为,诚信教育可分为广义的社会诚信教育和狭义的个人诚信教育——个人诚信教育主要是指针对个人诚信的道德品质的教育,社会诚信教育则包括政治、经济和文化等领域内的诚信社会伦理教育及有关诚信法制教育。⑤

李胜男认为,"诚信教育是指让受教育者了解诚信的含义,帮助受教育者将诚信内化为自己的心理品质,并促使其转化为受教育者外在行为的教育。"⑥

燕国才认为,诚信教育既是世界观教育又是人格教育。诚信即世界观,相应

---

① 周晓桂.关于诚信的经济学诠释 [J].经济问题,2004 (11):14-16.
② 朱英萍.诚信教育:应对时代挑战的教育内容 [J].商丘师范学院学报,2005 (8):151-152.
③ 李成才,谭群瑛.浅谈中小学诚信教育的现状与对策 [J].科教文汇,2007 (4):51-52.
④ 郭学文.构筑终身诚信教育体系 [J].继续教育研究,2004 (4):16-18.
⑤ 索凯峰.略论经济类高校大学生诚信教育体系的构建 [J].武汉科技学院学报,2006 (2):94-96.
⑥ 李胜男.10~16岁儿童诚信价值观现状的心理学研究 [D].上海:上海师范大学,2003:6.

地诚信教育即世界观教育。认为诚信是人格因素，相应地诚信教育也就是人格教育。[①]

傅维利认为诚信教育是"培养学生'讲真话，说到做到'道德品质的教育。其主要任务是提高学生的诚信认知，陶冶学生的诚信情感，锻炼学生的诚信意志，训练学生的诚信行为。"[②]

上述概念从不同侧面反映了诚信教育的内涵。据此，本书研究认为，诚信教育包括广义的诚信教育和狭义的诚信教育。广义的诚信教育是指一切有目的地影响人的身心发展以促进其具备诚信品德的社会实践活动。狭义的诚信教育主要指学校诚信教育，即在学校环境中，教育者有组织、有计划、有目的地对受教育者的身心施加必要的影响，促进受教育者诚信知、情、意、行协调发展的活动。

（二）诚信知行冲突

诚信知行冲突是本书研究的核心论题。一方面，不论是社会上流行的观点，还是学界研究成果，都倾向于认为当前我国公民道德素质中最为突出的瓶颈就是"有道德知识，但不见道德行动"，即道德知行的矛盾关系；[③] 相关调查也反映出绝大多数公民对此持认同态度。[④] 另一方面，有关诚信知行冲突的研究相对比较缺乏。纵观当前我国相关研究，王丹对于诚信知行冲突的概念界定的认可程度较高。王丹认为，"诚信知行冲突是指学生个体所具有的诚信认知状况与学生在具体情境下所表现出的诚信行为之间的相互矛盾。"[⑤]

从学理上进行分析，在品德心理结构中，道德认知是指导个体道德行为养成的基础。虽然我们承认良好的道德认知并不必然会转换为相应的诚信行为；但是，良好的道德认知是个体更加自觉地、持久地表现出相应诚信行为的前提和保障。因此，不论是道德认知与道德行为之间，还是本书研究所讨论的诚信认知与诚信行为之间，二者的由"知"向"行"的合理转换具有某种必然性。这就决定了"冲突"意味着"知"与"行"之间的相互矛盾或不协调。由此来看，诚信知行冲突至少应该包括两个方面：一是个体的诚信认知发展水平较高，却未在这种诚信认知发展水平指导下表现出相应高发展水平的诚信行为，也就是所谓的"高知低行"；二是个体的诚信认知发展水平较低，却表现出了比其诚信认知发展

[①] 燕国才. 诚信教育的心理学问题 [J]. 江西教育科研, 2003 (1)：3-6.
[②] 傅维利, 王丹. 诚信观的构成及其对诚信教育的启示 [J]. 教育研究, 2010 (1)：44-49.
[③] 吴俊. 体悟：道德知行转化的基础 [J]. 道德与文明, 2006 (2)：42-44.
[④] 樊浩等. 中国伦理道德报告 [M]. 北京：中国社会科学出版社, 2012：68.
[⑤] 王丹. 我国小学低年级学生诚信知行冲突的现状、原因及教育建议 [D]. 大连：辽宁师范大学, 2009：21.

水平高的诚信行为，也就是所谓的"低知高行"。同时，从教育实践上进行分析，我们不难发现"诚信知行冲突"并非是在这两个层面上并用的，而是专门指向第一个层面——高知低行，即具备了较高诚信认知发展水平的小学生在日常生活中并未表现出相应的诚信行为。这是教育实践中面临的实际难题，也是本书研究选题的核心主旨。

本书研究认为，诚信知行冲突专指具备较高诚信认知发展水平的学生在与他人或社会的交往中未能频繁表现出与之相应的诚信行为，从而表征了其的诚信认知与诚信行为之间的矛盾关系。这一概念表明：首先，诚信知行冲突必然指向"高知低行"，这同时也说明"低知高行"并不必然是一种诚信知行冲突。这是因为"低知高行"中所谓的"低知"可能仅仅存在着这样一种可能性，即道德行为者本人对于自己的行为本身所反映出的某种抽象意义的概念不甚理解，甚至对于所有的"德目"都不甚理解，而仅仅是要求自己去做觉得应该做的事情，即道德行为者本人是依据自身的道德理性自觉践行道德品质，而这一道德理性的自觉践行并不在本书研究的旨趣之中，故而并不做专门研究。实际上，这也并不完全符合我们所谓的"冲突"的内涵，因为除了之前所谓的相互矛盾或不协调之外，它也可以理解为一种含有消极的或贬义的意味的代名词，或者说，当我们所谓的某某与某某之间发生冲突时，意味着我们对于二者之间的关系抱有某种希望，而"冲突"一词则表达了这种希望的破灭。由此来理解诚信知行冲突，实际上表明了我们对于由诚信认知向诚信行为的合理转换的希望，而"冲突"则表明合理转换的失败。

其次，诚信知行冲突是个人在与他人或社会交往过程中实际表现出来的，它既应该是实际发生了的真实关系，也是可以为研究者所观察和分析的。也就是说，诚信知行冲突实际上表明了行为者本人诚信认知与其实际表现出的诚信行为之间的明显不一致，而如果他仅仅是在处理某一问题时启动了诚信认知进行分析，而并未做出相应的诚信行为或做出不相符的诚信行为之前，我们都无法也不能识别出其是否具有诚信知行冲突的问题。同时，应该关注的是，在上述的概念中使用了"频繁的"一词对诚信知行冲突进行限定，这意味着对诚信认知与诚信行为关系是否存在冲突的识别，应该在一定观察时间段内，对个体的诚信认知与诚信行为之间是否一致进行系统的测评，而应该避免两个"绝对"的标准：以学生某一次诚信认知与诚信行为之间的转换情况作为绝对标准；以观察时间段内学生是否每次都能实现诚信认知与诚信行为之间的合理转换情况作为绝对标准。这里使用"频繁的"一词，表明本书研究所强调的是将每一名研究对象置于研究者所观察的群体中，并以此形成一定的标准来称量某一研究对象是否能够频繁地实现由诚信认知向诚信行为的合理转换。

(三) 最近发展区

维果茨基的"最近发展区"概念,创造性地阐释了教学与发展之间的关系,对教育学、教育心理学等学科都具有重大影响。在维果茨基看来,有关教学与发展关系的阐述大致可以归结为三类:第一类是科学史提出来的。"它的中心原理是:儿童发展的过程不依赖于教学过程。"这类理论以皮亚杰为典型代表,将教学视为一种纯粹外在的过程,它通过这样或那样的方式与儿童的发展相协调,却并不参与儿童发展本身。不仅如此,教学也并不对发展本身产生什么影响,相反,它主要是在利用发展的成就。也就是说,"教学跟在发展的尾巴后面走,发展始终走在教学的前面。"第二类理论所阐述的教学与发展的关系是:教学即发展。"在这一类理论里发展规律仍被视为教学应当遵循的自然规律,好比技术应当遵循物理规律一样,而教学对这些规律也像最完善的技术对普通的自然规律一样,无力作任何改变。"在这类理论中,教学与发展两个过程是平行进行的,教学与发展之间如影随形。第三类理论则试图结合前两类观点:"一方面,发展的过程被设想为不依赖于教学的过程;另一方面,使儿童在自己过程中获得一系列新的行为形成的教学本身也被理解为与发展相等同。"即"发展的双重性理论"。不难发现,以上三种对教学与发展关系的理论阐述都不能反映真实情况。因此,在《学龄期儿童的教学和智力发展问题》一文中,维果茨基系统讨论了"最近发展区",并由此重新阐明了教学与发展的关系。[1]

维果茨基认为儿童存在两种发展水平,一种是儿童当前的发展水平,即指"一定的已经完成的儿童发展周期的结果和由它而形成的心理机能的发展水平"。[2] 另一种则是儿童当前的发展水平和在成人指导下或有能力的同伴合作中的潜在发展水平。在这两种发展水平之间存在的差距就是最近发展区。维果茨基断言:"今天儿童靠成年人帮助完成的事情,明天他便能自己独立地完成。这样,最近发展区将帮助我们确定儿童的明天,确定他发展的动态,不但可以查明发展中已经达到的状态,而且能发现他正在成熟中的状态。"

维果茨基曾进行过一个实验表明最近发展区的具体所指。他对两个同样智龄是7岁的儿童进行测验,其中一名儿童可以在成人和比他水平高的同伴的帮助和启发下通过9岁智龄儿童的测验,而另一名儿童在相同情况下只能达到7岁半智

---

[1] [苏]维果茨基,余震球译. 维果茨基教育论著选[M]. 北京:人民教育出版社,2004:377 - 379.

[2] [苏]维果茨基,余震球译. 维果茨基教育论著选[M]. 北京:人民教育出版社,2004:385.

龄儿童的测验。维果茨基认为，这两个儿童具有不同的"最近发展区"，或者说，第一名儿童比第二名儿童具有更大的发展潜能。这一发展潜能的创造与成人和比自己水平高的同伴的帮助和启发是密切相关的。因而，维果茨基认为，教学实际上就是教师通过创设一定的情境帮助和启发学生进一步发展自己潜能的过程，因而需要教学走在发展的前面，从而引导发展。

最近发展区理论的提出，不仅是对教学与发展关系这一问题的创造性的回答，而且作为一个有生命力的理论，在20世纪60年代以后，对西方心理学和教育学的发展都发挥着助力作用。最近发展区思想的发展主要沿着以下三条线路展开：第一，学习能力的动态评估。维果茨基提出最近发展区这一概念时，也正是欧美智力测验流行之时。维果茨基反对静态智力测验，认为它仅仅测量了智力发展的已有结果，忽略了智力发展的过程，忽视了潜在能力的发展。最近发展区理论激励了关于儿童学习能力的动态评估的相关研究，并发展为两种取向：一是直接继承最近发展区理论，以学习速度、迁移能力为指标考查儿童的学习潜能，二是以最近发展区理论为基础，探究儿童的认知改变水平。不论哪种取向的动态评估，都是对传统静态智力测验的一种挑战和超越，是最近发展区理论的重要发展成果；第二，对传统教育模式的超越。在传统的教育模式中，以"教师→知识→学生"为主导的模式占据着主要地位，而从维果茨基的最近发展区理论来看，教师成为学生发展的促进者，而学生则是知识学习的主动参与者，同时，这一理论还启发了多种教学形式的出现，如支架式教学、交互式教学等；第三，启迪理论学说的建构。20世纪60年代以后，在苏联和美国涌现出了一批继承和发展维果茨基思想的学者，他们不仅对之前的理论做出了重新解读，更超越了之前理论的局限性，发展出了新维果茨基学派。在新维果茨基学派中，最近发展区理论仍然是一个重要组成部分，如Wertsch提出了情景定义、主体间性等概念阐述儿童在最近发展区内的发展机制等。

（四）转换节点

转换节点，也称关节点，在多种学科领域中出现和使用。

在哲学领域，指"渐进性的中断而发生质变的点，即量转化为质的临界点。"[①] 哲学领域的这一概念最早是由黑格尔在《逻辑学》中提出来的。马克思主义哲学在批判黑格尔辩证法的合理内核的基础上吸收了这一概念，并用来指代事物由量变引发质变的那个点。应该说，"关节点既是前阶段量变的结束，又是

---

① 冯契.哲学大辞典（上）[M].上海：上海辞书出版社，2001：469-470.

新阶段量变的开端，它既把不同质的事物区别开来，又把它们联结起来。它是质量互变的契机或枢纽。掌握事物的关节点，是掌握事物的度的关键。"①

历史关节点也是历史学研究中的一个重要概念，"一般来说，历史关节点指的是制度变迁时刻，也被称为'转折点''危机时刻'"。② 历史学研究中对历史关节点的关注与对制度发展的二元认识模式密不可分。在这种二元认识模式下，制度发展被划分为制度稳定和制度变迁两个时期，而历史关节点正是两个制度稳定期的连接点，也即由旧的制度稳定——制定变迁——历史关节点——新的制度稳定构成的历史发展脉络。以往研究表明历史关节点具有如下特征：当处在历史关节点时期内，旧的制度稳定中的约束条件限制明显减弱；旧的制度稳定中约束条件的放松意味着更多可能性的出现；行为主体在此情况下行动自由度增加，更能发挥主观能动性；处在历史关节点时期内的行为主体的多种可能性会对历史发展产生影响，从而走上相异的发展道路。

除了人文社会学科之外，这一概念还被应用于其他多个自然科学领域。电力学中，节点是塔的若干部件的汇合点。机械工程学中，节点是在一对相啮合的齿轮上，其两节圆的切点。在网络拓扑学中，节点是网络任何支路的终端或网络中两个或更多支路的互联公共点。生化工程中，代谢网络分流处的代谢产物称为节点。在程序语言中，节点是 XML 文件中有效而完整的结构的最小单元。在作图软件 MAYA 中，节点是最小的单位。每个节点都是一个属性组。节点可以输入、输出、保存属性。节点也指运输系统中一个重要的结构要素，通常指一群人共同活动的村落或都市。

在教育学领域中同样存在着"节点"。从宏观层面来看，教育中的节点往往表现为与历史关节点相似的特征，具体则主要表现为教育制度、教育政策等发生的巨大变化，从而引起整个教育发展到一个新的水平和层次上。例如，新中国成立之后实行了新的学校教育制度，从而与旧的社会制度下的学校教育制度形成了鲜明的对比，也因此培养和创造出了社会主义"新人"；从微观层面来看，教育中的节点表现为日常教学过程中，学生个体的思维层面、认知层面的发展对于知识学习的重要影响，例如小学中高年级时，小学生由具体形象思维到抽象思维的发展，能够帮助他们更好地学习数学知识。此外，知识体系中存在很多连接具体知识点的关键知识节点，通过学习这些关键知识节点可以帮助学生更好地学习相关的具体知识。

---

① 冯契. 哲学大辞典（上）[M]. 上海：上海辞书出版社，2001：469-470.
② 花勇. 历史关节点前沿研究述评 [J]. 国外理论动态，2014（11）：103-109.

通过以上梳理各学科领域中有关转换节点的概念，特别是人文社会科学对此概念的界定，不难发现，转换节点包含对事物在一定序列发展变化过程中存在发展阶段的假设；同时，不同学科也基本认同对转换节点表明事物前后两个阶段存在明显差异，这种明显的差异反映出后一阶段是比前一阶段更高水平的发展阶段。因而表明对转换节点本身的研究具有重要的理论价值和实践价值，同时，对转换节点的辨别和利用可以有效提高行为主体实施某一行为的效率。在综合以往研究的基础上，本书研究认为，转换节点是指学生个体在具备一定身心成熟水平基础上，由道德教育引发的道德认知向道德行为转换的呈现明显阶段性的突变点。其中，定义中"明显的阶段性"指明了学生个体在转换节点前后由诚信认知转化为诚信行为的概率获得了明显的提高。此外，诚信知行转换节点具有以下三个特征。

第一，隐蔽性与可识别性。诚信知行转换节点的隐蔽性是指对于作为一种品德心理活动的诚信知行转换在其发挥作用的过程不易被直接观察到，而是需要通过个体内在观念和外显行为间接地表现出来。也就是说，当某一学生个体处在某一转换节点时，不论是教育研究者、教师、家长，甚至是学生个体本人，都不能直接指明"此时此刻"已经处在转换节点上了。但是，通过间接的测量其内在观念的变化和外显行为的变化，可以做出对于某一学生个体是否处在这一转换节点的判断，并以此为依据进行适合的教育，这正反映了转换节点的可识别性。

第二，个体转换节点出现的共性与差异性。不可否认，个体差异性是发展心理学对个体之间发展状况的一种概括，但是它首先需要建立在人与人之间发展具有共性的前提之下。不论是作为个体道德发展和养成前提的一般意义上的知、情、意、行，还是与之对应的道德认知、道德情感、道德意志和道德行为，在每一个体身上都反映出较为一致的发展趋势。从本书研究对转换节点的界定中可以发现，具备一定身心成熟水平是个体达到转换节点的基础。事实上，一定身心成熟水平是一切教育活动得以展开的基础。一方面，当代发展心理学的相关研究揭示了个体身心成熟水平具有较为一致的发展趋势；同时，个体的身心成熟水平存在着明显的个体差异性：由于受到遗传、环境、教育以及个人努力等因素的影响，个体身心成熟水平在速度、发展水平、发展方向以及各种心理机能最终所能达到的水平和不同心理机能之间的结合模式都存在着不同程度的差异性。由此决定了不同学生个体所到达到某一转换节点的时间、情境、心理准备等的不同，也就是说，相同情境中的相同事件可能对不同学生个体产生不同的转换节点，不同情境中的不同事件可能对同一学生个体产生不同的转换节点。但是，教育者也应该注意到，个体身心成熟发展的共性又反映出这一转换节点出现的必然性。

第三，可教育性。个体诚信品德的发展是在其知、情、意、行共同发展的基础上获得的一种道德品质，也是道德教育应该给予学生的。诚信知行转换节点既然是学生个体由低层次的诚信知行统一向高的诚信知行统一的明显突变点，那么教育者如果能够把握住这一节点并施加适合的教育的话，便可以事半功倍的促进学生诚信知行转换，显著提高学校诚信教育的实效性。

二、国内外相关研究现状

详细梳理和辨析国内外相关研究，能够为当前的研究厘清基本历史脉络，帮助研究者清晰地了解某一研究主题已经解决的问题和尚未解决的问题，以便为当前研究奠定合理的研究基础。本书围绕"诚信知行冲突及其解决"为主题搜集了国内外相关研究文献，并对它们进行述评。

从整体来看，当前国内有关诚信知行问题的研究主要集中于大学生阶段，而中小学阶段的研究则处在相对滞后的地位。相对于国内研究，一方面，国外研究在理论研究方面取得了重大成果；另一方面，国外研究实用性更强，主要包括针对小学生诚实/不诚实行为的研究和提高小学生诚实行为概率的研究。

（一）国内相关研究述评

通过前文的论述不难发现，当前我国小学生中的诚信知行冲突问题是一个存在着的较为普遍的事实，但是相关研究确实寥寥无几。究其原因，一方面是哲学、伦理学等学科就知与行、道德认知与道德行为、诚信认知与诚信行为等几对关系的一般理论问题研究尚存在明显的冲突之处。另一方面，在诚信品德范畴内，诚信认知与诚信行为、诚信观与诚信行为等几对主要关系，以及诚信知行冲突的识别与对其性质的认定等研究也并不十分明确。

如前所述，知行关系是中国哲学中一对重要的范畴，是长期争论的重要理论问题。从先秦百家到宋明理学，再到近代以来，不同时代的哲学家和研究者从不同角度探讨了知行关系的各个环节，阐述了对知行关系的各自不同的理解。其中一方着重强调行对知的制约作用，并由此推导出由行到知的环节和过程，例如，荀子认为："知之不若行之，学至于行而止矣。行之，明也"[①]；另一方则着重突出知对行的规范作用，如王夫之所言："君子之知，以审行也"[②]；还有一些哲学

---

① 《儒效》。
② 《诗广传》卷一。

家和研究者试图整合二者的观点，克服知与行的分离，其中最为著名的应当算是王守仁的"知行合一"的论点。这些争论又具体表现为对知行先后、知行高低、知行难易等观点。不同于西方哲学的"纯粹理性"的认识论的辨析，中国哲学从其发端就体现重人伦道德的特点，因而，中国哲学史上对知行关系的争论主要是对道德认知和道德行为关系的争论。道德认知即是"知人"，是人对"人之为人"的伦理道德知识的学习和掌握；道德行为即是"成人"，是通过事亲、事君、"修、齐、治、平"等方法形成理想道德人格的过程。有学者指出，这种将知行关系之辩伦理化的理论路径存在着"把价值评价置于事实认识之上""忽视了对自然的研究"等消极作用。[1]

由于本书研究已经确认赞成由"知"向"行"转换的观点，因此前述的哲学、伦理学等学科的争论便先搁置起来。那么，由"知"向"行"的转换过程便是一个核心侧重点。理想状态下，由一定地道德认知或诚信认知向与之相应的道德行为或诚信行为的合理转换是为教育者所期待的，但是在这一过程中我们不难发现不论是由"知"向"行"转换过程中的内部机制来说，还是由"知"向"行"转换过程中的外部环境来看，都并非一帆风顺、一蹴而就的。有学者明确指出在知行统一的过程中，实际上从"知"到"行"存在中间环节，并指出中间环节即是解决以下三个问题："回到实践中的理性认识应该是正确的，即解决好理论的适用性问题""要从实际出发，坚持一般理论和具体实践相结合的原则""理论要化为社会的行动"，因此，就要"确立一个从实际出发的行动路线图（或者叫执行方案、行动计划），这个行动路线图是具体的行动指南，是根据理论可以在现实中将理论、理想转变为实践和现实的行动指南。"[2] 而另一学者王毓珣则认为知行关系存在八个层次。其中知的八个层次分别是：不知（毫不知晓）→感知（认识其某种或整体属性）→记忆（保持并再认或再现）→思辨（理清本义、辨析是非）→认同（认可并逐渐同化顺应）→信服（相信正确并愿意服从）→信念（确信并作为行动指南）→信仰（极度信服并甘愿付出）。与之相应，行的八个层次分别是：盲目（茫然地行）→不定（漂移不定）→不稳（难以稳定）→趋稳（逐渐趋于稳定）→成习（渐成）→习惯（形成定式）→稳固（安稳巩固坚定）→不渝（矢志不渝）。[3]

就教育学领域中对诚信知行关系及其冲突的解决等问题研究而言，当前已有研究者对诚信知行的形成机制进行了专门研究。刘伟认为诚信知行包括三个核心

---

[1] 杨国荣. 从知行之辩看中国古代认识论的历史特点 [J]. 学术界, 1991 (3): 30-34.
[2] 李正海. 试论知行统一的中间环节 [J]. 学术界, 2013 (S): 287-291.
[3] 王毓珣. 论德育中的知行关系 [J]. 上海教育科研, 2006 (4): 卷首语.

事件：准确描述客观事实、真实表达主观意愿、信守承诺。三个核心事件又可以还原为主观意愿、言语（又称言或承诺）、行为（又称行或践行）和坦认等诚信知行内核。理想状态下，上述内核应然地遵循"主观意愿→承诺→践行→坦认"的链接顺序，并在链接中保持取值的恒定。个体诚信知行的发生机制：首先，诚信知行事件进入个体意识系统，激发个体诚信认知、利益预期和情境约束等动力推进系统。其次，不同动力源被激发后，将会演变为一系列的主观判断。最后，不同主观判断经过复杂博弈，产生出引导内核运转的推进合力。①

已有研究者就小学低年级学生的诚信知行冲突和初中生的诚信知行冲突进行了较为系统的专门研究。王丹有关小学低年级学生的诚信知行冲突研究已在前文论述中多有讨论，故此处不再赘述。杜晶在《初中生诚信知行冲突的情境影响因素研究》中，既对王丹相关研究的理论部分有所继承，又通过心理学的相关研究方法和技术对不同情境条件下学生的诚信知行关系以及冲突进行了较为细致的分析和研究。杜晶的研究揭示出，情境约束力高低以及奖励与惩罚等因素对于初中生诚信知行冲突具有重要的作用；同时，个体情境下的初中生比集体情境下的初中生更容易存在诚信知行冲突的问题。

从上述研究中发现，当前我国有关诚信知行冲突问题的研究还较为表面化，并且这些研究本身还存在一定的不足。笔者认为，首先由于相关概念之间关系的不清，导致诚信知行冲突问题长期得不到解决。前述内容中虽然已经涉及了部分概念之间的关系问题，也并未完全展示出其中的复杂性。但是在本书研究中，其中的一些问题已经在前文各部分中得到较为明确的阐述，故不再赘述。其次，对诚信认知和诚信行为的研究形成具有一定信效度的数据资料的收集困难性比较大。据笔者查阅的资料显示，国内有关诚信认知的定量研究成果比较少，能够具有一定信效度，并取得了全国常模的研究资料仅有傅维利教授《儿童、青少年诚信观念调查问卷》一种；当然也有研究者根据自己的研究需要，开发了有针对性的调查问卷，如杜晶的研究中就有相关的自编量表。而在诚信行为方面，由于可以就学生实际表现出来的诚信行为进行观察，因此相关研究及其成果相较于诚信认知丰富了一些。但是，不容忽视的是，以往研究往往更多采用某一单一的方法对学生的诚信行为进行测量，这容易导致一些片面认识的产生，也不利于对其诚信知行转换是否存在冲突及其问题解决的研究。第三，学校诚信教育的实践与教育学相关理论研究之间还存在着隔离的情况。当前我国学校诚信教育中还存在着

---

① 刘伟，傅维利. 诚信知行的形成机制及其对高校诚信教育的启示 [J]. 教育研究与实验，2013 (2)：49-53.

一些问题,比如当前学校诚信教育仍然以知识的灌输为主;学校诚信教育中仍然存在诚信知行缺位的现象等,这些问题有可能是导致学生诚信知行冲突的原因,与此同时,当前我国学校诚信教育中仍然存在着这些问题,另一方面教育学研究也并未对这些存在着的问题进行一系列的专门研究,从而使得我们至今无法有效地解决识别学生存在着的诚信知行冲突问题,以及如何有效地帮助他们,从而实现其诚信知行之间合理转换的问题。

(二) 国外相关研究述评

在西方学术研究中,并不存在一个与我国"诚信"所表达的含义完全一致的词汇,这就决定了我们很难就此找到十分确切的或相似的研究进行对比。当代西方对于诚信的研究集中在三个维度。第一个维度是将"诚信"作为个体的一种个性特质来研究。从这一维度出发,"诚信"首先被界定为"诚实性",到了20世纪60~70年代则将"诚信"引申到"可信赖性"中,20世纪90年代以后则将"诚信"视为一种"责任意识"。第二个维度是将"诚信"作为个体的一种道德行为来研究。从这一维度出发,"诚信"不再是"诚实性""可信赖性""责任意识",而是个体对一套规则的认可和承诺。第三个维度方面是从"诚信管理"的角度提出的。从这一维度出发,结合心理学、经济学和管理学等交叉学科的观点,"诚信"被视为人与人之间的一种关系,也就是说,只有在人与人交往的过程中才存在诚信,它不可能独立于人与人之间的交往而孤立存在。由此可以看出,个体的诚信发展与个体在道德上、认知上和社会性上的发展与转变有密切关联。在这一方面,国外理论发展相对成熟并得到大多数学者认可。这些理论主要包括科尔伯格的道德认知发展理论、皮亚杰的认知发展理论和艾里克森的阶段发展理论。

科尔伯格可以被视为道德教育领域发展过程中最为重要的代表人物,他以皮亚杰的研究为基础,通过运用和改进皮亚杰的研究方法,对10~16岁的儿童进行了道德发展阶段的研究,并在此基础上提出了著名的"三水平六阶段"道德认知发展阶段理论,从而反映了个体如何做出道德决策。一些个体做出某些道德行为是因为他人要求他们这样做;另外一些个体内化了某些规则并以他们相信他人希望他们这样做为基础而做出某些道德行为;还有一些个体已经具有了个人价值观并且会在做出道德行为决策之前考虑他人的普遍意见。

据此,科尔伯格提出了道德教育的三个基础原则:必须首先了解学生们道德发展的水平、阶段;必须在儿童中引起真正的道德冲突和意见不一;要向儿童揭示出高于他已有发展程度一个阶段的道德思维方式。① 从科尔伯格的理论出发来理解诚信，可以将诚信及其不同个体的表现视为其在不同道德发展阶段上表现出来的特殊行为。例如，处在前习俗水平的个体表现出诚信行为主要是由于他对重要他人的遵从，以及避免惩罚所导致；而处在习俗水平的个体则会更加趋向于遵从自己内心的某种价值观念，但仍然会受到重要他人或权威人物的影响。

除了道德认知发展水平之外，个体的道德品质还受到其自身认知水平发展的影响。这方面的主要代表人物是皮亚杰。作为一名发生认识论者，皮亚杰的主要关切点在于发现概念形成背后的心理结构。通过实验研究，皮亚杰认为人的心理发展是一种持续的发展过程，它将以动态的平衡状态作为自己发展的形式。与某些生理相关的心理机制会随着生理系统的老化而衰退，而另外一些心理机制则会继续前进。因此，这些心理机制越是发展越是向更高层次前进，因而也越加稳定。

皮亚杰根据自己的研究总结归纳了个体认知发展的四个阶段：感知运动阶段（出生~2岁左右）；前运算阶段（二岁至六七岁）；具体运算阶段（六七岁至十一二岁）；形式运算阶段（十一二岁至十四五岁）。从感知运动阶段开始，儿童的自我中心状态就始终伴随着他们各个方面的发展，儿童早期的社会行为始终是处于自我中心状态和真正社会化之间的中间地位。② 直到具体运算阶段儿童才开始逐渐由于思维上摆脱认知的直观性而开始具有抽象运算的能力，从而实现了从自我中心状态中逐渐"走出来"的转变。因而，从道德发展的角度来看，儿童的道德发展是一个逐渐由他律向自律转变的过程。因而作为科尔伯格道德发展阶段理论的基础，从皮亚杰的认知发生论来看，儿童的诚信行为也是一个逐渐由他律向自律转变的过程。

艾里克森从个体心理发展的特征出发，提出了心理发展八阶段理论。这八个阶段包括：（1）婴儿期（出生~2岁）。婴儿在本阶段的主要任务是满足生理需要，发展信任感，克服不信任感，体验希望的实现；（2）儿童早期（2~4岁）。这个阶段儿童的主要任务是获得自主感，克服羞怯和疑虑，体验意志的实现；（3）学前期（4~7岁）。本阶段儿童的主要任务是获得主动感，克服内疚感，体验目的的实现；（4）学龄期（7~12岁）。本阶段儿童的主要任务是获得勤奋感，克服自卑感，体验能力的实现；（5）青年期（12~18岁）。这一阶段的发展任务是建立同一感，防止同一感混乱，体验忠实的实现；（6）成年早期（18~25

---

① ［美］科尔伯格著，魏贤超、柯森译.道德教育的哲学［M］.杭州：浙江教育出版社，2000：395.
② 皮亚杰著，傅统先、陆有铨译.儿童的道德判断［M］.济南：山东教育出版社，1984：105.

岁)。这一阶段的发展任务是获得亲密感以避免孤独感,体验爱情的实现;(7)成年中期(25~50岁)。这一阶段的主要任务是获得繁殖感,避免停滞感,体验关怀的实现;(8)老年期(50岁左右~死亡)。这一阶段的任务主要是获得完善感而避免失望和厌倦感,体验智慧的实现。① 从笔者现有的资料来看,并没有相关研究直接表明个体诚信发展与心理发展有显著的、直接的联系。因此,可以说,个体心理发展只是个体诚信发展的一个辅助性条件。

另外,国外相关研究还从经济学博弈理论、社会学中的人际交往压力和社会学习理论、心理学中的人格理论等方面展开,对个体、群体和组织内部的诚信进行了理论研究和实证研究。

对于"小学生诚信教育"的相关研究,国外学者主要围绕小学生诚实/不诚实行为为研究对象,特别是小学生欺骗行为进行了大量而具体的研究,对造成小学生欺骗行为的原因和消解对策两个方面进行了详细的解答。

儿童的欺骗行为是发展心理学研究中最早出现的一批研究主题之一,因为在没有监控的条件下对规则的遵守是儿童社会性和道德发展的重要里程碑。Hartshorne和May于1928年首次对儿童的欺骗行为进行了系统的研究。Hartshorne和May通过一系列实验,在这些实验情境中,被试都具有欺骗的机会。例如,在一项圆圈填数的任务中,要求儿童闭着眼在面前一张画有圆圈的纸上填数,并告知儿童如果他们能够把数字填到圆圈里就会得到一份奖励,之后主试留被试一个人在房间中完成任务。结果显示绝大多数8~16岁的儿童都会表现出欺骗行为。②

但是,当前研究对"欺骗行为"的界定尚未明确,这是因为从严格意义上对欺骗行为下定义是非常困难的。例如,抄袭别人的作业、考试作弊以及说谎这些欺骗行为是明确的,而且可以进行观察研究;而诸如允许别人抄袭自己的作业以及将一份作业应付多个老师的行为则无法明确界定。同时,研究者、教育者和学生之间对于欺骗行为的界定也是不同的,这也为严格的研究提出了难题。③

相关研究表明,儿童的欺骗行为早在学龄前就已经开始,有证据显示,3岁左右的儿童已经出现不同方式的欺骗行为。同时,儿童的欺骗行为随年龄的增长而有所发展。然而,在儿童晚期,儿童的欺骗行为有所下降的趋势也已经得到相

---

① 林崇德主编. 发展心理学 [M]. 北京:人民教育出版社,1995:35-37.
② 转引自 Xiao Pan Ding, Danielle S. Omrin et al. Elementary School children's cheating behavior and its cognitive correlates [J]. Journal of Experimental Child Psychology, 2014, 121 (1): 85-95.
③ Kimberly Gilbert, Liora Pedhazur Schmelkin et al. Amultidimensional Scaling Analysis of Perceptions of Academic Dishonesty Among Fifty - Grade Students [J]. Ethics& Behavior, 2011, 21 (6): 471-480.

关研究的证明。一种对儿童欺骗行为的解释是，儿童之所以表现出欺骗行为除了与利益预期、交往压力之外，个体在认知因素的两个方面——执行能力（Executive functioning，EF）和基于心智理论（Theory of Mind，ToM）的理解相关。

在众多的教育方法中，诚信故事法也许是最为重要的一种。但在 Kang LEE，Victoria Talwar 等人新近的一项研究表明，经典道德故事并不一定能够对进行儿童的诚实有显著性效果。[①] 他们以"匹诺曹""狼来了"和"乔治·华盛顿与樱桃树"三个经典道德故事为研究素材，对小学生进行了实验研究。研究结果表明只有"乔治·华盛顿与樱桃树"对促进儿童的诚实有显著性效果，而其他两则故事对促进儿童的诚实没有显著性效果。对研究结果的解释是，有积极后果的道德故事对促进儿童的诚实品质更有效果。

上述这些研究成果反映出，西方有关诚信研究深受心理学研究的影响：一方面有关研究深受心理学相关基本理论研究的影响，这些研究在一定程度上揭示出了个人道德品质形成与发展的主要历程或阶段，有助于我们理解个体从道德认知向道德行为转换可能要面对的一些情况。但是，由于过分依赖心理学研究，必然会使得自身的研究并未表现出教育学领域的专业视角；另一方面，由于认知心理学的兴起，对于由道德认知向道德行为的转换过程主要侧重于中这个过程中的"黑箱"的研究，即将由"知"到"行"的心理机制问题作为重心，而缺乏有关道德意义上的道德认知与道德行为转换的应然状态的讨论。当然，这与西方哲学的相关讨论及其思维方式密切相关。

第二章小结：

通过对当前学校诚信教育实际问题的反思，以及在以往研究的基础上，本书研究提出了自己的研究问题，即识别小学生诚信知行冲突的类型；小学生诚信知行转换过程中是否存在转换节点、如何识别转换节点以及如何转化处在转换节点的小学生。对相关概念的界定，特别是从关系的角度重新界定了"诚信"，即认为诚信是指个体依据诚信准则调节个人与他人的交往并在此基础上形成的一种特殊的社会关系。以及对国内外以往相关研究文献的述评，为本书的后续研究奠定了基础。

[①] Kang Lee, Victoria Talwar, et al., *Can Classic Moral Stories Promote Honesty in Children?* [J]. *Psychological Science*, 2014, 25 (8): 1630.

第三章

小学生诚信观现状及特征

诚信观是人们关于诚信的根本看法和态度，它是学生诚信认知的结果性表现，并在学生诚信品德的成长与发展中发挥着重要作用：学生诚信观发展水平会影响其是否能够自觉地、持久地表现出诚信行为。因此，对小学生诚信观的实证调查基础上的准确把握与分析诚信观的现状及特征将是本书研究展开的基础。

一、个体诚信观的构成

个体诚信观的构成非常复杂，大致包含以下三个基本方面。①

（一）诚信的基本内容

对诚信基本内容的把握主要包括两个方面：一方面是外延，指从语义学的角度来看，个体是否知道表达诚信的词汇；另一方面是内涵，指个体所理解的诚信指的是哪些方面。从一般意义上说，"诚信"即是"诚实"和"守信"。"诚实"指讲真话、不撒谎，"守信"指说到做到，不违约。但是，不同个体在把握和理解其内涵方面具有较大差异。因此，我们不能把某一个体的诚信观当作另一个体的诚信观，也不能将社会主流的诚信观视为所有个体的诚信观。

（二）诚信行为的评定标准

在对诚信行为进行评定时，首先必须有一套事先在内心中形成的标准体系作为基础。这套标准体系处于个体诚信观的核心位置。人们在评定某个人或某件事

---

① 该部分为傅维利教授主持的国家社科基金资助项目"关于儿童、青少年'诚信观'状况的调查分析及改善对策的研究"的研究成果。

是否具有诚信特征时，可能使用的标准是不一样的。为此，可以通过建立一套个体对诚信行为评定标准构成的结构体系，来评定人们所使用的标准。它包括两个基本范畴和四个基本维度，基本涵盖了人们评价诚信问题时所面临的基本对象和情境。

1. 两个基本范畴

通过对人际诚信交往的观察不难发现，个体在诚信评定标准上存在"对己"和"对他"两个基本范畴。一般而言，人们在"对己"诚信行为上和"对他"诚信行为上都或多或少地存在差异。一般人或许对自己的诚信行为采用较低的评定标准，而对他人的诚信行为则采用较高的评定标准，也即"宽于律己，严以待人"。

从"对己"和"对他"两个基本范畴出发重新审视"言不由衷"和"言行不一"的现象，不难发现，当个体做了"言不由衷"和"言行不一"的事，既不是故意，又同时伴随着积极的情感体验，那么可以判定此人在"对己"和"对他"两个基本范畴中一定存在着极大的差距。

2. 四个基本维度

"对己"范畴包括三个基本维度：利益预期维度、频率维度和情境约束维度；"对他"范畴包括四个基本维度：对象维度、利益预期维度、频率维度和情境约束维度。

（1）对象维度

以熟悉→陌生为标尺发展的主导方向，即在诚信行为上，人们对熟悉的对象采用较高的诚信标准，而对陌生的对象则采用较低的诚信标准。例如，一名小学生对另一名小学生说，"你对他撒谎我能理解，但是你怎么能对我撒谎呢"，那么评价者一定视自己比"他"与被评价者之间的关系更加亲近。当个体对熟悉的对象和陌生的对象都采用较高的诚信标准时，他的诚信观就达到了较高的发展水平。

熟悉→陌生标尺的发展脉络大致是：血缘关系→朋友关系→小团体关系（如同学、同事等）→大团体关系（如民族、国家等）。其诚信标准发展的特征应当是：伴随着熟悉→陌生的发展方向，诚信观在此维度上也表现出由低到高的的发展性特征。

（2）利益预期维度

以面对获得低利益事物→面对获得高利益事物为标尺发展的主导方向，即当评价者只对关涉低利益的事件采用较高的诚信标准，而对关涉高利益的事件采用较低的诚信标准，那么评价者的诚信观处在较低的水平。反之，当评价者不仅对关涉低利益的事件采用较高的诚信标准,而且对关涉高利益的事件也采用较高的诚信标准,那么评价者的诚信观处在较高的发展水平。

一般而言,当对自己或被评价者有利的情况时,人们一般会全面肯定诚信法则;而当对自己或被评价者有害,即说真话或守信用会造成对自己或被评价者明显的损害的情况时,人们往往会降低诚信评价标准,而且随着利益损害程度的提高,相应的诚信评价标准也会越低。因此,面对获得低利益事物→面对获得高利益事物这一标尺主要是考察伴随诚信行为与被评价者利益丧失的增大,其诚信观表现出的由低向高的发展性特征。

(3) 频率维度

以偶然发生→持续发生为标尺发展的主导方向,即当评价者对自己或被评价者偶然表现出诚信行为便认定为诚信,那么该评价者在这一维度上处在较低的发展水平,反之则处在较高的发展水平。

诚信评价标准在频率维度上的发展性特征是:伴随着诚信行为发生频率的上升,评价者的诚信观呈现出由低向高的发展性特征。

(4) 情境约束维度

以情境约束严紧→情境约束宽松为标尺发展的主导方向,即对待同一诚信事件,当情境约束严紧时,评价者认为应该讲诚信,而当情境约束宽松时,评价者认为不一定要讲诚信,表明该评价者的诚信评定标准处在较低的发展水平;当评价者不论处在情境约束严紧的情况下,还是情境约束宽松的情况下,都认为应该讲诚信,表明该评价者的诚信评定标准处在较高的发展水平。

诚信评价标准在该维度上的发展性特征是:伴随着情境约束力由强到弱,个体的诚信观在此维度上也表现出由低向高的发展性特征。

(三) 对诚信价值的评价

价值是个体对事物的存在意义和应当发挥作用的判断。不同的个体对诚信价值的判断会存在明显的差异。本书研究从个人维度和团体维度两个方面来考察这种差异。

1. 个人维度

这一维度主要反映人们认为诚信之于个人生存与发展价值的观点,以低价值→高价值作为标尺发展的主导方向。当评价者对诚信的个人价值评估较低时,表明该评价者在此维度上处在较低的发展水平;反之,则处在较高的发展水平。

2. 团体维度

这一维度主要反映人们认为诚信之于团体和人类社会生存与发展价值的观

点，以低价值→高价值作为标尺发展的主导方向。当评价者对诚信的团体和人类社会价值评估较低时，表明该评价者在此维度上处在较低的发展水平；反之，则处在较高的发展水平。

由于不同性质的团体与评价者的利益关联程度存在由紧到松的发展走向，因而导致该评价者的诚信观也在此维度上呈现出复杂的发展走向。例如，血缘关系团体较之同伴关系团体与评价者的利益关联程度更加紧密，因而评价者可能对血缘关系团体比对同伴关系团体采用更高水平的诚信评价标准。

二、小学生诚信观的现状调查

（一）小学生诚信观调查问卷介绍

在对诚信观构成研究的基础上，采用傅维利教授《儿童、青少年诚信观念调查问卷》对小学生被试群体进行调查。该调查问卷由单项选择题和排序题两种题型组成，并包含以下四个部分。

1. 基本情况

"基本情况"部分主要要求小学生被试回答年龄、民族、性别和父母亲学历等五个问题。"基本情况"部分可以提供给笔者有关小学生被试的人口学资料，以便分析人口学特征与诚信发展水平的关系和特征。

2. 第一部分

调查问卷的"第一部分"主要考查小学生被试对诚信内容的把握，以及"诚实"和"守信"在小学生认知中的差异性。小学生被试对诚信内容的把握主要是通过小学生对诚信语义外壳的熟悉程度、诚信内涵的把握程度及其主观判断自己对"诚信"一词的清晰程度来完成。另外，该部分还包含试图考查学生对"诚实""守信"和其他重要道德品质重视程度的差异性等内容。

3. 第二部分

调查问卷的"第二部分"主要考查小学生被试诚实观的发展情况。该部分包括考察小学生在"对己"范畴中，有关诚实品质在利益预期维度、频率维度和情境约束维度上的发展情况；和"对他"范畴中，有关诚实品质在对象维度、利益预期维度、频率维度和情境约束维度的发展情况。另外，该部分还考察了小学生被试对诚实品质的价值，包括总体价值、个人价值和团体价值的把握情况。

4. 第三部分

调查问卷的"第二部分"主要考查小学生被试守信观的发展情况。该部分包括考查小学生在"对己"范畴中,有关守信品质在利益预期维度、频率维度和情境约束维度上的发展情况;和"对他"范畴中,有关守信品质在对象维度、利益预期维度、频率维度和情境约束维度的发展情况。另外,该部分还考查了小学生被试对守信品质的价值,包括总体价值、个人价值和团体价值的把握情况。

该调查问卷的详细内容见附录1:儿童、青少年诚信观念调查问卷。

(二) 小学生诚信观现状的实证研究

1. 被试基本情况

在正式研究之前,笔者对所选取小学进行了全面施测,对问卷结果的初步分析表明,目标班级的成绩与全国常模标准最为契合。同时,根据本书前述的研究假设以及笔者作为独立研究者进行本书研究工作。因此,笔者选取济南市某小学三年级一个班作为研究对象,目标班级共有有效被试53名。有效被试的平均年龄是8.89岁,标准差是0.61,被试的具体情况如表3-1所示。

表3-1　　　　　　　　　诚信观实证研究被试基本状况

年龄	男生	女生	总计
	29	24	53
8岁	5	8	13
9岁	19	14	33
10岁	5	2	7

2. 测量工具和程序

本书研究采用了傅维利教授编订的《儿童、青少年诚信观念调查问卷》作为测量被试诚信观发展水平的工具。该问卷是傅维利教授主持的国家社科基金资助项目"关于儿童、青少年'诚信观'状况的调查分析及改善对策的研究"的研究成果,并于2008年9月至2009年10月期间对我国华北、华东、华中、华南和西北等地区分别对不同年龄阶段的学生进行了问卷施测,形成了常模。从本书研究的施测结果来看,被试的诚信观发展水平与全国常模中该年龄阶段学生的诚信观情况基本一致,因此具有研究的代表性。为了便于本书研究进一步筛选、观察并展开教育干预处在诚信知行转换节点的同学,在对被试班级进行匿名施测的过程中,笔者按照事先设定的顺序发放、收回问卷,以确定每名被试的诚信观现状。对问卷的分析和处理,首先将问卷每个题目选项按照认知水平由高到低的顺序进行赋分,由高到低分别记为5、4、3、2、1分;然后将问卷结果输入Excel

中建立诚信观调查结果数据库；最后借助 SPSS19.0 软件分析调查结果。

3. 数据分析与结果

通过对诚信内容掌握水平、诚实观发展水平、守信观发展水平三个方面上解析被试的调查结果，反映出被试之间在三个方面的发展水平上都存在一定差异。

（1）被试在诚信内容掌握水平上存在一定差异，并主要表现在以下五个方面。

第一，从对诚信内容的外壳的熟悉程度来看，有 54.72% 的被试"经常能听到""诚信"一词；有 32.08% 的被试"有时能听到""诚信"一词；"没有听过""不能确定、好像听过"和"偶尔听到过""诚信"一词的被试占 13.21%。通过 SPSS 软件对该题目项与"父亲学历""母亲学历"以及男女性别进行的相关分析来看，都不存在显著性相关，表明在对诚信内容的外壳的熟悉程度上，不同家庭环境和不同性别之间的情况基本一致。因此可以说，学校教育中有关"诚信"词汇的给予程度还存在一定程度的欠缺。

第二，从对诚信内容的内涵的理解程度来看，有 90.57% 的被试选择了"讲真话，不说谎，而且能说到做到"，7.55% 的被试选择了"讲真话，不说谎"，1.89% 的被试选择了"不违约"；其他选项，包括"听话，做个好孩子""相信别人""处处为别人着想"和"尊重别人"没有被试选择。通过 SPSS 软件对该题目项与"父亲学历""母亲学历"以及男女性别进行的相关分析来看，都不存在显著性相关，表明在对诚信内容的外壳的熟悉程度上，不同家庭环境和不同性别之间的情况基本一致。这表明，被试对"诚信"内涵的理解程度基本趋于一致，即使存在个别对"诚信"内涵理解不清晰的情况，也主要是侧重于"诚"或侧重于"信"，而不会与其他品德内涵相混淆。但是，与对诚信内容的外壳的熟悉程度中有 13.21% 的被试选择不经常听到"诚信"一词相比，超过九成的被试能正确反映出诚信内涵确实是一个有趣的现象。

第三，从对诚信内容主观判断的清晰程度来看，全体被试都不认为自己对诚信的理解是"不清晰"的。其中，30.19% 的被试认为自己对"诚信"的理解"特别清晰"，33.96% 的被试认为自己对"诚信"的理解"清晰"，30.19% 的被试认为自己对"诚信"的理解"比较清晰"，同时，仍然有 5.66% 的被试认为自己对"诚信"的理解"不太清晰"。通过 SPSS 软件对该题目项与"父亲学历""母亲学历"以及男女性别进行的相关分析来看，都不存在显著性相关，表明在对诚信内容的外壳的熟悉程度上，不同家庭环境和不同性别之间的情况基本一致。这表明，被试在对自己是否清晰地理解"诚信"一词时的主观判断上还存在明显的差异，这也从另一个侧面反映出，之前在对"诚信"内涵的理解程度上过分趋于一致是有明显问题的。

第四，从对诚实和守信重要程度的主观判断来看，92.45%的被试认为诚实和守信"同样重要"，1.89%的被试认为"诚信（不说谎）更重要"，而3.77%的被试认为"守信（说话算数，不违约）更重要"。另外，有1.89%的被试认为"说不清楚"。通过SPSS软件对该题目项与"父亲学历""母亲学历"以及男女性别进行的相关分析来看，都不存在显著性相关，表明在对诚信内容的外壳的熟悉程度上，不同家庭环境和不同性别之间的情况基本一致。这表明，在对诚实和守信重要程度的主观判断上，被试总体上是趋于基本一致的，即认为诚实和守信是同等重要的，也就是说，被试总体上认识到了"诚信"是作为一个整体存在并且同等重要的，这与90.57%的被试能够正确反映出"诚信"内涵又是相互吻合的。

第五，从对诚实、守信与其他品行重要程度的主观判断来看，当我们将"诚实""守信"和其他品行放在一起时，也能反映出被试全体在诚实和守信的重要程度上基本趋于一致的情况。其中，18.87%的被试将"讲信用（说话算数，不违约）"放在第一位，而16.98%的被试将"诚实（讲真话，不说谎）"放在第一位，表现出了大体一致的趋势；从选择位次最多的角度来看，24.53%的被试将"讲信用（说话算数，不违约）"放在第三位，而20.75%的被试将"诚实（讲真话，不说谎）"同样放在第三位，也表现出了大体一致的趋势。通过SPSS软件对该题目项与"父亲学历""母亲学历"以及男女性别进行的相关分析来看，都不存在显著性相关，表明在对诚信内容的外壳的熟悉程度上，不同家庭环境和不同性别之间的情况基本一致。

（2）被试在诚实观发展水平上存在一定差异，并主要表现在以下三个方面。

第一，被试在对己范畴的利益预期维度、频率维度和情境约束维度上的诚实观发展水平处在较高水平，其中以利益预期维度诚实观发展水平为最高。当问及被试"你可能为哪种利益去说谎"，并要求他们在给定选项中从"最有可能"到"最不可能"进行排序时，60.38%的被试将"不管为了谁的利益，都不能说谎"这一选项排在"最有可能"上，同时，62.26%的被试将"为了个人的利益"这一选项排在"最不可能"上；在"你认为在下列哪种情况下，自己可以说谎？"这一题目上，86.79%的被试认为"什么情况下都不能说谎"。在频率维度上，71.70%的被试以"只要说过，就算"作为"判断自己是否是个说谎的人"的标准，15.09%的被试以"十次有两次说谎就算"作为"判断自己是否是个说谎的人"的标准。在情境约束维度上，77.3%的被试认为"无论何种情况，我都不会说谎"，而另外22.64%的被试则会在做错了事，存在不等数量的他人发现的情况下"用说谎来掩盖自己的错误"。可以看出,绝大多数被试在对己范畴的利益预期维度、频率维度和情境约束维度上的诚实观上都对自己采取了较为严格的评定标准。

第二,被试在对他范畴的对象维度、利益预期维度、频率维度和情境约束维度上的诚实观发展水平处在较高水平。在对象维度上,被试对于不同的对象的诚实行为评定标准上具有趋同性。在"最会宽容"到"最不会宽容""有人出现了对他人的说谎行为"时,66.04%的被试认为自己会对"亲人(父母、兄弟姐妹、叔叔、舅舅等)"最为宽容,而71.70%的被试认为自己会对"陌生人"最不为宽容;在问及被试"在日常生活中,你更愿意对哪些人诚实"时,69.81%的被试"最愿意"对"亲人(父母、兄弟姐妹、叔叔、舅舅等)"诚实,而96.23%的被试"最不愿意"对"陌生人"诚实;当问及被试"你认为哪些人对你应该更诚实"时,75.47%的被试认为"亲人(父母、兄弟姐妹、叔叔、舅舅等)"对自己"最该诚实",84.91%的被试认为"陌生人"对自己"可以不诚实"。

在利益预期维度上,67.92%的被试认为在"什么情况下都不能原谅"他人的说谎行为,16.98%的被试认为"当此人的说谎行为能给他带来重大利益时""会原谅他人的说谎行为"。在频率维度上,84.91%的被试认为"每次都讲真话,从不说谎的人才算"是个诚实的人,13.21%的被试认为"十次有八次讲真话的就算"是个诚实的人。在情境约束维度上,当问及被试"你认为在什么情况下,别人最有可能说谎"时,62.26%的被试认为"当谎言不会被戳穿时"别人有可能说谎,3.77%的被试认为"当谎言有较大可能不会被戳穿时"别人有可能说谎,7.55%的被试认为"当谎言有可能被戳穿时"别人有可能说谎。可以看出,绝大多数被试在对他范畴的利益预期维度、频率维度和情境约束维度上的诚实观上都对他人也采取了较为严格的评定标准。

第三,被试在对诚实的总体价值、个人价值和团体价值上都持积极、正向的观点。在对诚实的总体价值的评判上,79.25%的被试认为"诚实(不说谎)""特别重要",20.75%的被试认为"诚实(不说谎)""比较重要"或"重要",不存在认为"诚实(不说谎)"不重要的被试。在问及被试"你认为诚实对哪个方面最有价值"时,18.87%的被试认为诚实对"个人"方面最有价值,26.42%的被试认为诚实对"团体(如班级、学校、企业等)"方面最有价值,52.83%的被试认为诚实对"社会(如城市、国家等)"方面最有价值。在问及被试"你认为诚实对个人的最大价值主要表现在哪里"时,45.28%的被试认为诚实"能给自己创建一个好的学习和生活环境(比如,能与同学、老师坦诚地交流,结交更多的朋友,等等)",13.21%的被试认为诚实"有助于自己更好的发展(比如，有助于自己更快地加入少先队、共青团等先进组织，等等）"，18.87%的被试认为诚实使他们"感觉做人坦荡，不会受到良心的谴责"。在问及被试"你更看重诚实对团体（如班级、学校、企业等）价值的哪一方面"时，15.09%的被试认为诚实"能帮助团体创建一个好的内部运行环境"，22.64%的被试认为诚实"有助于团体中各个成员更好的发展"，24.53%的被试认为诚实"有助于社会各个方面对于该团体的认可"。

（3）被试在守信观发展水平上存在一定差异，并主要表现在以下三个方面。

第一，被试在对己范畴的利益预期维度、频率维度和情境约束维度上的守信观发展水平处在一般的发展水平。在利益预期维度上，35.85%的被试认为"无论会出多大代价都能"不违约，同时，39.62%的被试则认为"当守信需要你付出利益代价时""肯定不能"不违约，另外24.52%的被试则认为自己会在付出不等代价时坚持不违约。在频率维度上，在问及被试"你怎样判断自己是否是个守信（说话算数，不违约）的人"时，84.91%的被试认为"每次都守信，从不违约才算"，5.66%的被试则采取了较低的评定标准，即认为"十次有两次不违约就算"或者"只要有过一次不违约就算"。在情境约束维度上，62.26%的被试认为在"周围所有人都守信"的情况下自己最有可能守信，13.21%的被试认为在"周围大多数人守信"的情况下自己最有可能守信，只有11.32%的被试认为即使"周围人都不守信"自己也会坚持守信。可以看出，绝大多数被试在对己范畴的利益预期维度、频率维度和情境约束维度上的守信观上都对自己采取了并不严格的评定标准。

第二，被试在对他范畴的对象维度、利益预期维度、频率维度和情境约束维度上的守信观发展水平处在较高的发展水平。在对象维度上，被试对于不同的对象的守信行为评定标准上同样具有趋同性。在"最会宽容"到"最不会宽容""有人出现了对他人的不守信行为"时，81.13%的被试认为自己会对"亲人（父母、兄弟姐妹、叔叔、舅舅等）"最为宽容，而81.13%的被试认为自己会对"陌生人"最不为宽容；在问及被试"在日常生活中，你更愿意对哪些人守信"时，84.91%的被试"最愿意"对"亲人（父母、兄弟姐妹、叔叔、舅舅等）"守信，而92.45%的被试"最不愿意"对"陌生人"守信；当问及被试"你认为哪些人对你应该更守信"时，77.36%的被试认为"亲人（父母、兄弟姐妹、叔叔、舅舅等）"对自己"最该守信"，90.57%的被试认为"陌生人"对自己"可以不守信"。

在利益预期维度上，75.47%的被试认为在"什么情况下都不能原谅"他人的不守信行为，13.21%的被试认为"当此人的不守信行为能给他带来重大利益时""会原谅他人的不守信行为"。在频率维度上，77.36%的被试认为"每次都不违约才算"是个守信的人，13.21%的被试认为"十次有八次不违约才算"是个守信的人。在情境约束维度上，当问及被试"你认为，在什么情况下别人最有可能守信"时，50.94%的被试认为"周围所有人都守信"时他人最有可能守信，26.42%的被试认为"周围大多数人守信"时他人最有可能守信，13.21%的被试认为"周围有人守信，有人不守信"时他人最有可能守信，只有5.66%的被试认为当"周围人都不守信"的情况下，他人还能坚持守信。可以看出，绝大多数被试在对他范畴的利益预期维度、频率维度和情境约束维度上的守信观上都对他人采取了较为严格的评定标准。

第三，被试在对守信的总体价值、个人价值和团体价值上都持积极、正向的观点。在对守信的总体价值的评判上，73.58%的被试认为"守信（说话算数，不违约）""特别重要"，26.41%的被试认为"守信（说话算数，不违约）""比较重要"或"重要"，不存在认为"守信（说话算数，不违约）"不重要的被试。在问及被试"你认为守信对哪个方面最有价值"时，9.43%的被试认为诚实对"个人"方面最有价值，22.64%的被试认为诚实对"团体（如班级、学校、企业等）"方面最有价值，66.04%的被试认为诚实对"社会（如城市、国家等）"方面最有价值。在问及被试"你更看重守信（说话算数，不违约）对个人价值的哪一方面"时，41.51%的被试认为守信"能给自己创建一个好的学习和生活环境（比如，能获得同学、老师的信任，结交更多的朋友，等等）"，16.98%的被试认为守信"有助于自己更好的发展（比如，有助于自己更快地加入少先队、共青团等先进组织，等等）"，15.09%的被试认为守信使他们"感觉做人坦荡，不会受到良心的谴责"。在问及被试"你认为守信对团体（如班级、学校、企业等）的最大价值主要表现在哪里"时，22.64%的被试认为守信"能帮助团体创建一个好的内部运行环境"，26.42%的被试认为守信"有助于团体中各个成员更好的发展"，26.42%的被试认为守信"有助于社会各个方面对于该团体的认可"。

三、小学生诚信观的特征

从以上数据分析可知，当前我国小学生诚信观具有以下特征。

第一，从总体来看，当前我国小学生诚信观发展处在良好的稳定发展水平，这主要表现在小学生能够较为准确地把握诚信的内涵和外延，并且能够正确认识到诚信品德对于个人和社会发展的现实价值。从上述的调查结果来看，近九成的小学生听到过"诚信",并能够正确理解它的含义;同时,绝大多数小学生也能够在认识到诚信品德对于个人和社会发展的现实价值的基础上,根据诚信对于自己和社会所发挥地具体价值做出自己的选择,表明当前我国学校诚信教育在诚信认知发展上的培养具有一定的实效性,这对于他们践行诚信品德具有基础性的、良性的作用。

第二,在诚实和守信两个道德品质的发展来看,在对己和对他两个范畴、对象维度、利益预期维度、频率维度和情境约束维度上均表现出显著性差异。同时,我们应该看到,当前我国小学生在诚信认知方面的发展上差异,这主要表现为他们对于实际的或认知层面发生的诚信行为的评定标准还存在一定的差异,如上述调查结果所显示的,小学生在诚实观方面,能够在对己和对他两个范畴上都采用较为严格的行为评定标准;在守信观方面,则只能对他人采用较为严格的行为评定标准,而对己无法采用较为严格的行为评定标准。一方面,在对己和对他范畴上采用不同严格程度的行为评定标准是一种"常规做法",是一种"人之常情",但是,另一方面,在对己和对他范畴上所采用的具有差异的行为评定标准,则容易造成学生在由诚信认知向诚信行为转换的过程中,形成两种截然相反的行为:对自己是否践行诚信不以为然,而苛求他人一定要遵守诚信品德,从而造成一种诚信关系的紧张,这将不利于学校诚信教育和诚信知行转换。

第三,在一定范围内,性别、父母受教育程度等个体属性特征对于小学生诚信品德的发展并不具有十分明显的差异,特别是父母受教育程度这一因素及其背后所形成的、对小学生有直接和间接影响的微观系统和中观系统,并不必然影响小学生诚信品德的发展。这里谈到的微观系统和中观系统,是布朗芬·布伦纳提出的生态系统论中的用语。这一理论强调个体发展实际上嵌套在一系列相互影响的环境系统之中,并由这些环境系统与个体的交互影响下促进着个体发展。作为个体发展中最为基本的环境系统,家庭教育构成了个体发展的第一教育,它应该成为个体发展的基础。而当我们对调查结果进行统计分析时,则会发现当前的家庭教育并不构成影响小学生诚信品德发展的重要因素。这实际上是家庭诚信教育的缺失,也会造成对学校诚信教育的不利。

第三章小结:

人的诚信观主要由三个部分组成。通过运用在此基础上编制的诚信观调查问卷,对济南市某小学三年级一个班的学生进行调查。通过分析诚信观调查问卷结果,本书研究总结出小学生诚信观的发展性特征:从总体来看,当前我国小学生诚信观发展处在良好的稳定发展水平,这主要表现在小学生能够较为准确地把握诚信的内涵和外延，并且能够正确认识到诚信品德对于个人和社会发展的现实价值。在诚实和守信两个道德品质的发展来看，在对己和对他两个范畴、对象维度、利益预期维度、频率维度和情境约束维度上均表现出显著性差异。在一定范围内，性别、父母受教育程度等个体属性特征对于小学生诚信品德的发展并不具有十分明显的差异，特别是父母受教育程度这一因素及其背后所形成的、对小学生有直接和间接影响的微观系统和中观系统，并不必然影响小学生诚信品德的发展。

第四章

小学生诚信行为现状及特征

德性的本质是德行。① 任何道德品质最终都应该以表现为相应的道德实践才具有实际意义,诚信品德也不例外。小学生诚信品德集中表现在他们日常生活中,包括日常学校生活和校外生活。本章中,笔者主要通过田野研究、社会网络分析和情境实验等多种方法,力图全面展现小学生诚信行为的现状及其特征。

一、小学生日常生活诚信行为辨析

(一) 小学生日常生活诚信行为清单

小学生日常生活诚信行为清单,顾名思义,就是对小学生日常生活中所涉及的所有能够反映其诚信品德发展水平的诚信行为详细罗列并分别考察,以便了解小学生诚信行为实际情况的一种方法。但是,笔者运用这一方法主要是对小学生日常生活中所涉及的诚信行为进行一种明确的分类,以便更好地分析和辨析其诚信行为的发展水平。

小学生日常生活相对简单,主要以学校内的学习和活动为主;同时,随着社会和网络媒介的发展,小学生日常生活的范围逐渐扩大,小学生校外学习和活动逐步增加。因此,笔者首先将小学生日常诚信行为(IB)划分为校内诚信行为(IB1)和校外诚信行为(IB2)。作为小学生日常生活的主体部分,小学生的校内生活主要包括学习活动和学习之外的活动,其中又以学习活动为主体部分。因此,笔者又将小学生日常校内诚信行为划分为与学习相关的诚信行为(IB – L)和与学习不相关的诚信行为(IB – A)。另外,诚信品德本身就包含着诚实和守

---

① 檀传宝. 学校道德教育原理 [M]. 北京:教育科学出版社,2000:132.

信两个品质的划分，因而之前的划分又可以具体细分为与学习相关的诚实行为（L-H）、与学习相关的守信行为（L-T）、与学习不相关的诚实行为（A-H）和与学习不相关的守信行为（A-T）等四类。这也是本书研究所着力关注的四种类型。小学生日常校外生活，由于受到父母、家庭、小学生本人的兴趣和爱好的不同而有明显差异，同时，由于本书研究目的和研究方法的限制，仅将小学生日常校外诚信行为划分为校外诚实行为（IB2-H）和校外守信行为（IB2-T）两类，如表4-1所示。

表4-1　小学生日常诚信行为清单一览表

小学生日常诚信行为（IB）	校内诚信行为（IB1）	与学习相关的诚信行为（IB-L）	与学习相关的诚实行为（L-H）	比如，考试中是否作弊，等等
			与学习相关的守信行为（L-T）	比如，是否按时交作业，等等
		与学习不相关的诚信行为（IB-A）	与学习不相关的诚实行为（A-H）	比如，捡到贵重物品是否能归还老师或同学，等等
			与学习不相关的守信行为（A-T）	比如，是否能按时归还借同学的课外书，等等
	校外诚信行为（IB2）	校外诚实行为（IB2-H）		比如，对父母是否说谎，等等
		校外守信行为（IB2-T）		比如，是否能够按照与朋友事先约定好的时间参加篮球比赛，等等

由上表可以看出，小学生日常生活虽然相对简单，但是其在生活中涉及的诚信行为也同样复杂、多样。

（二）小学生日常生活诚信行为的研究方法

为了全面展现小学生诚信行为的现状及其特征，特别是小学生校内诚信行为的现状及其特征，本书研究主要采用以下三种方法。

第一，田野研究。田野研究是人类学研究最为重要的方法，早在1879年英国博物学家哈登就在对托雷斯海峡土著居民的调查中第一次使用了田野调查，并由英国人类学家马林诺夫斯基将田野调查系统化为田野研究。随着人类学和田野研究的发展，田野研究逐渐成为人类学对于其他学科发展的重要贡献的主要研究方式之一。有学者就指出，"没有一个人类学者在做田野工作时，没有注意到当地人的教育经验",① 从而导致了人类学分支学科的教育人类学的出现。但是，田野研究对于教育研究更为重要的意义在于，它使众多教育研究者走出书斋，走向"教育田野"从事相关的教育研究，从而有效地弥补了以往教育研究所提出的理论"空疏无用"的窘境。本书研究采用田野研究的目的也正在于此。小学生日常生活中的诚信行为是不能和不应该由研究者坐在书斋中空想出来的，而应该走进小学生真实的日常生活中，从其真实发生的诚信行为入手，对其诚信知行关系进行研究。这样既可以保证本书研究的真实性，也可以保证随后对策研究的可行性。

第二，社会网络分析法。社会网络分析法是社会学研究中一种重要的研究方法，通常被用来测量和分析人际关系。社会网络分析法假定人与人之间的关系构成的关系网络会对从属于该网络的个体或群体产生重要的影响。社会网络分析具有五个特征："它是根据结构对行动的制约来解释人们的行为，而不是通过其内在因素（如'对规范的社会化'）进行解释""分析者关注于对不同单位之间关系的分析，而不是根据这些单位的内在属性（或本质）对其进行归类""它集中考虑的问题是由多维因素构成的关系形式如何共同影响网络成员的行为，帮它并不假定网络成员间只有二维关系""它把结构看作网络的网络，此结构可以划分为具体的群体，也可不划分为具体群体""其分析方法直接涉及的是一定的社会结构的有关系性质，目的在于补充——有时甚至是取代——主流的统计方法"。② 由此可以看出，社会网络分析法作为一种对人与人之间关系的研究方法，是将人作为一个完整的主体，这也是本书研究采用这种研究方法的原因之一。另外，社会网络分析法的运用可以帮助笔者了解小学生之间发生的、较为隐蔽的诚信行为，通常这些诚信行为是他们非公开的发生的，特别是一些不诚信的行为的发生，比如一名同学抄袭另一名同学的作业，是不易被观察到的，而通过社会网络分析法则可以有所弥补。

第三，情境实验法。情境实验法是一种在被研究者所处的现实情境中展开的实验研究。这种实验研究与实验室实验相比，不强加给被研究者高度控制的人工环境，贴近被研究者的现实生活，其结论的现实适应性要强于实验室实验。但是，由于缺乏高度控制的人工环境，情境实验法无法有效地控制无关变量的影响，因而无法明确认定自变量与因变量之间的因果关系，从而缺乏如实验室实验一样明确的研究结论。本书研究采用情境实验法，是希望通过对特定条件的限制

---

① 周德祯. 教育人类学导论——文化观点 [M]. 台北：台湾五南图书出版公司，2001：15.
② 林聚任. 社会网络分析：理论、方法与应用 [M]. 北京：北京师范大学出版社，2009：45.

观察小学生"日常生活"中可能表现出的诚信行为。特定条件的限制有利于笔者对小学生集体的观察，并且有利于本书研究依据前述的对诚信行为评定的各个维度展开。

二、小学生校内外诚信行为的观察与访谈

采用田野研究，要求研究者"不但要把所研究的对象看成身外之物，而且还要能利用自己是人这一特点，设身处地地去了解这个被研究的对象"，[①] 同时，研究者在进行田野研究时要"忘记我"，"这里的'我'是'自己'，但不单指个人，而指人生活在其中的'自己的文化'"，[②] 也就是说，从事田野研究的研究者不应该把主观经验和价值观等从属于个人的特征强加到被研究者身上，造成对被研究者的污染，从而影响田野研究的真实性。在具体方法上，本书研究主要采用了观察和访谈两种主要的田野研究方法。

（一）采用观察与访谈的原因

观察法与访谈法是田野研究最为基本也最为重要的两种具体方法，是完成收集研究所需要的素材非常适宜的两种方法。同时，观察法与访谈法可以作为相互补充的收集资料的方法：一方面，观察法可以帮助笔者全面了解研究对象所真实发生的诚信行为，但是，观察法只能提供一系列现象的素材，而对于某名小学生之所以这样做的原因是无法了解的。另一方面，访谈法可以帮助笔者了解研究对象做过什么以及这样做的原因，但是，访谈法并不能保证研究对象所汇报的所有情况都是如实发生的，因而有可能在收集的资料中夹杂着研究对象自己假想或虚构的内容。由此可以看出，两种方法各有自己的优势和不足，而两者不足之处又是另外一种方法的优势，因而可以同时使用，以便相互补充。

田野研究中的观察法采用的是一种实地观察的方式，它可以划分为参与型观察和非参与型观察两种类型。参与型观察是指观察者本人实际的参与到被观察者的现实生活中去，在相互接触和直接体验中观察其言行。非参与型观察则并不要求观察者直接进入被观察者的日常生活，而是作为旁观者了解其言行。不论是参与型观察、非参与型观察，还是其他类型的观察，它实际上都是一种主体间的互动过程，"它不仅使我们'看'到了观察的对象"，"而且同时促使我们对观察的

---

① 费孝通. 学术自述与反思 [M]. 北京：三联书店，1997：328.
② 王铭铭. 人类学是什么 [M]. 北京：北京大学出版社，2006：55.

对象进行'思考'和'建构'",因此,当我们把自己置入到所研究的现象之中时,在观察被研究者的同时关注自己的思想和情感,"我们应该可以比较深入地进入对方的生活世界"。①

访谈是"研究者通过口头谈话的方式从被研究者那里收集(或者说'建构')第一手资料的一种研究方法",它可以帮助我们"了解受访者的所思所想""了解受访者过去的生活经历……并且了解他们对这些事件的意义解释"、帮助研究者"获得一个比较广阔、整体性的视野,从多重角度对事件的过程进行比较深入、细致的描述"……等等。② 就研究者对访谈结构的控制程度而言,访谈可以划分为封闭型访谈(或称结构型访谈)、半封闭型访谈(或称半结构型访谈)和开放型访谈(或称无结构型访谈)三种类型。其中,封闭型访谈主要适用于定量研究,以便收集统一的数据,而田野研究则主要采用半封闭型访谈或开放型访谈,以便帮助访谈者从了解被访者关心的问题和思考问题的方式入手,进而深入辨析被访者在访谈过程中展现的重要问题或尚存在模糊之处或疑问。

(二) 观察与访谈的主要内容

展开田野研究的第一步是进入田野。为此,笔者深入小学教育一线,选取某小学三年级一个班作为研究对象。为了方便观察与访谈,确保观察与访谈的真实性,在近一个月的时间里,笔者从听课、看班、领队做操、课下交流入手,与学生建立了良好的关系,取得了他们的信任。在此基础上,笔者开始了系统的观察和一对一的访谈。

田野研究中观察法应遵循的一条基本原则是:清楚、有条理、便于今后查找。因此,笔者在记录所观察的内容时,采用了叙兹曼(L. Schatzman)和斯特劳斯(Strauss)提出的实地观察记录表的格式。他们将实地观察记录表分成四个部分(见附录2:小学生日常生活诚信行为实地观察记录表):"实地笔记"用来记录观察者观察到的事实性内容;"个人笔记"用来记录观察者本人在实地观察时的感受和想法;"方法笔记"记录观察者在实地观察时所使用的具体方法及其作用;"理论笔记"记录观察者对观察资料进行的初步理论分析。③ 可以看出,这种实地观察的记录格式能够满足研究者的研究需求,条理清晰地呈现出观察内容和观察者的所思、所感。

---

① 陈向明. 质的研究方法与社会科学研究 [M]. 北京:教育科学出版社,2000:235.
② 陈向明. 质的研究方法与社会科学研究 [M]. 北京:教育科学出版社,2000:165,169-170.
③ 陈向明. 质的研究方法与社会科学研究 [M]. 北京:教育科学出版社,2000:247.

访谈内容依照小学生日常生活诚信行为清单的结构编写，以便了解他们在现实生活中，特别是笔者不便观察到的生活中的诚信行为。以下是访谈题目：

L-H：老师会在每天下午放学的时候给今天按时交作业、上课积极回答问题的同学发奖励卡，你领到过吗？为了集齐兑换小礼物的规定数量的奖励卡，你有没有冒领过奖励卡呢？

L-T：从开学到现在，你有没有一直按时交各科作业？如果前一天晚上，你家有一个家庭聚会需要你参加，很晚才回家，你还能为了第二天按时交作业，把作业做完再睡觉吗？

A-H：课间眼保健操时，班干部会把不认真做操的同学的名字写在黑板上，你的名字被记过吗？当你的名字被写在黑板上时，你有没有想过擦掉它的想法或做过擦掉它的事情？

A-T：你知道学校规定的最晚到校时间是几点几分吗？从开学到现在，你有没有出现过迟到的现象？

IB2-H：你的爸爸、妈妈平时会对你提什么要求吗？如果做不到他们会惩罚你吗？为了避免惩罚，你对他们说过谎吗？

IB2-T：你有没有邀请过你的朋友去你家玩（或是你的朋友邀请你去他家玩）？如果你（或他）临时有其他的事情（比如，父母要带你或他外出），你会怎么做？

（三）观察与访谈的结果

1. 观察结果的呈现

笔者对被试班级进行了两个月的实地观察，现摘录部分实地观察的记录内容，如表4-2所示。（本书研究中涉及的所有学生姓名均由笔者事先编好的号码代替，以下同）

表4-2　　小学生日常生活中诚信行为的实地观察记录表（略表）

序号	实地笔记	个人笔记	方法笔记	理论笔记
1	3月11日（星期三）下午，品德与社会课，12号学生因为没有完成答应老师应该完成的任务而被批评。	这个任务是他的本职工作，他怎么会忘记呢？我对此不解。	我坐在教室最后一排听课，并观察班里同学的情况。	是不是现在的小学生对于履行承诺缺乏必要的责任心？

续表

序号	实地笔记	个人笔记	方法笔记	理论笔记
2	3月27日（星期五）上午10点，8号和13号学生（同桌）因为玩"桌面足球"时，8号认为13号不遵守游戏规则而发生争吵。	一个看似这么简单的游戏，规则并不复杂，为什么会发生争吵呢？	我站在两个人的旁边，观察他们玩"桌面足球"的整个过程。	当履行规则会伤害到个人利益的时候，不论这种利益是不是值得，小学生都会想去维持呢？
3	4月20日（星期一）早上8点10分（升旗仪式），42号学生迟到，并被执勤老师记下名字。	每周一的升旗仪式如此重要，他为什么会迟到呢？也许有什么特殊原因吧。	我带队出席升旗仪式，可以看到整个班级的出席情况。	除了个人因素，是不是外界环境也是造成小学生不能践行诚信的因素呢？
4	4月30日（星期四）上午9点50分，有15名学生因为不认真做眼保健操而被记下名字，并被写在黑板上。做操结束后，其中几个学生站在黑板前指手画脚。	他们站在那想干什么呢？难道是想把自己的名字擦掉吗？	我站在离黑板和这几名学生一定距离的地方，能看到他们在对话，但是听不到他们具体说了什么。	也许奖励会导致小学生会做出一些违背诚信的行为。但是，他们并没有擦掉自己的名字，是诚信在起作用，还是担心被其他同学告发，引起更大的损失呢？

2. 访谈结果的呈现

（1）对 L-H 事件进行访谈的结果

经过笔者与学生的访谈发现，全班学生在本学期都已经领到过奖励卡。其中，2、13、16、22、43、47 等 6 名学生出现过冒领奖励卡的现象，约占全班人数的 17.14%。究其原因，6 名学生都是为了能够集齐奖励卡以换取小礼物为目的。

（2）对 L-T 事件进行访谈的结果

经过笔者与学生的访谈发现，2、4、6、12、16、17、18、19、20、22、23、24、25、27、32、34、38、43、44、45、47、48、50 等 23 名学生出现过未按时交作业的现象，究其原因，多数学生的理由是"忘记带了"，但是，"会让家长再送过来"。

（3）对 A-H 事件进行访谈的结果

经过笔者与学生的访谈发现，全班约有 67.85% 的学生曾经因为不认真做眼保健操被班干部记下名字并写在黑板上，其中，7、14、15、22、29、36 等 6 名学生出现过把黑板上的名字擦掉的现象。究其原因，有学生认为"没有面子"，有学生认为"会影响拿到奖励卡"，另外有一名学生是班干部，"被记下来会影响我在同学们心目当中的形象。"

（4）对 A-T 事件进行访谈的结果

经过笔者与学生的访谈发现，全班学生都知道学校规定的最晚到校时间，其中，12、33、42 等 3 名学生出现过迟到现象。笔者观察到在小学阶段，小学生中低年级上学和放学仍然以家长接送为主，小学生是否能够按时到校或是否迟到，与家长来送的时间、路上交通情况等因素有关。

(5) 对 IB2-H 事件进行访谈的结果

经过笔者与学生的访谈发现，当前父母最为关心和对小学生提出的主要要求仍然是学习问题，有的父母会对此提出严格的要求，例如，如果平时学习表现良好，特别是受到老师表扬，或者考试成绩优异，便会得到某种物质奖励（主要是学生期望得到的某个文具或是玩具，等等）；反之，如果学生没有做到或做好，父母则会他的一些"权利"，比如看电视、周末出门玩。为此，近八成的学生为了获得奖励或避免惩罚，曾经向父母说过谎。

(6) 对 IB2-T 事件进行访谈的结果

经过笔者与学生的访谈发现，全班学生都有过邀请同学（或朋友）（有一部分学生汇报的情况不仅限于本班同学）来家里玩或去同学（或朋友）家里玩的情况。一般情况下，由于约定的时间基本属于相对宽松的时间，比如，"我大约9点到你家"，因此，稍微提前或推迟一点时间都不会被认为违约。另外，由于年龄限制，这种同学间的校外交往主要由父母接送（并且大部分情况下，双方父母会相互通话，确认时间），因此，能够确保按照约定时间到达。

三、小学生诚信行为的社会网络分析

（一）社会网络分析法

社会网络的概念最早是由英国著名的人类学家拉德克利夫 - 布朗（Radcliffe - Brown）在对结构的研究中提出来的。威尔曼（B. Wellman）认为社会网络是由某些个体间的社会关系构成的相对稳定的关系结构。[1] 相应地，社会网络分析则是对这种关系结构进行量化研究的具体工具。社会网络分析所适合的分析数据是关系数据（relational data）。关系数据是"关于接触、联络、关联、群体依附和聚会等方面的数据，这类数据把一个能动者与另外一个能动者联系在一起，因而不能还原为单个行动者本身的属性。"[2] 因此，关系既是人类存在的根本特征，如马克思所说，"人的本质不是单个人所固有的抽象物，在其现实性

---

[1] Wellman B, Berkowitz S D. Social Structure of Network Approach [M]. Cambridge University Press, 1988.
[2] [美] 斯科特, 刘军译. 社会网络分析法 [M]. 重庆：重庆大学出版社，2007：2.

上，它是一切社会关系的总和"；① 也是运用社会网络分析的关键，"关系反映出复杂社会系统中仅靠成员特征的求和或均值所不能描述的新维度。"②

社会网络分析建立在以下三个基本假设的基础之上：首先，对观察到的行为的理解，结构性关系要比诸如年龄、性别、价值和意识形态等个体属性特征更为重要。其次，社会网络通过实体之间的关系所建立的各种结构机制影响实体的观念、信仰和行为。最后，应该将结构关系视为动态过程。③

社会网络分析的优势在于不仅能够精确描述行为人之间如何联系，而且能够解释行为人在一种社会网络中的定位如何影响他的行为、意识和态度。因而，社会网络分析适合对"交换关系""沟通关系""交叉关系""利用关系""情感关系""权力关系""亲属关系"等内容进行研究。④ 但是，社会网络分析仍然存在着不足，"缺乏动因分析"，即社会网络分析明显缺乏对个体行为动机的研究兴趣，这就使得社会网络分析无法理解个体行为的意义；"动态分析不足"，即社会网络关注的是群体关系的动态性，但是其自身只是一种静态的描述；"轻视社会网络本身的嵌入性"，即社会网络结构轻视了阐明现代社会结构的分化的、缺乏中心的特质的重要意义；"回避社会网络的文化内涵"，即社会网络分析总是对文化毫无根据的怀疑。⑤

但是，这些问题不是不可避免。本书研究采用社会网络分析来说明在小学生群体中，个体与他人具体发生了哪些了诚信行为、这些诚信行为的程度以及频率，反映小学生诚信行为的实际内容和情况。为了发挥社会网络分析的优势而避免它的不足，本书研究除了采用社会网络分析之外，还引入了其他几种理论研究模型，一方面可以弥补社会网络分析的不足之处；另一方面可以更加全面地揭示影响个体诚信知行转换节点的因素。

（二）研究设计

1. 研究对象

笔者选取济南市某小学三年级一个班作为研究对象，共有有效被试53名。

---

① 马克思，恩格斯，中共中央马克思恩格斯列宁斯大林著作编译局编译. 马克思恩格斯选集（第1卷）[M]. 北京：人民出版社，1995：56.
② [美]诺克，杨松，李兰译. 社会网络分析：第2版 [M]. 上海：格致出版社，上海人民出版社，2012：14.
③ [美]诺克，杨松，李兰译. 社会网络分析：第2版 [M]. 上海：格致出版社，上海人民出版社，2012：9–12.
④ [美]诺克，杨松，李兰译. 社会网络分析：第2版 [M]. 上海：格致出版社，上海人民出版社，2012：22.
⑤ 李林艳. 社会空间的另一种想象 [J]. 社会学研究，2004（3）：64–75.

2. 研究工具

自编基于社会网络的诚信网络调查问卷，问卷共包括两个部分：第一部分为被试的人口学资料调查，包括性别、年龄、是否在班级中担任学生干部等；第二部分为诚信网络调查问卷，包括诚实和守信两个维度，共 16 个题目，主要反映小学生日常生活中经常遇到的与同学之间发生的诚信行为，其中诚实行为题目 10 个，守信题目 6 个，正向题目 5 个，反向题目 11 个。在题目后附有全班同学的花名册，施测时要求被试根据题目在花名册相应位置下标注近 30 天内该题目发生的次数。调查问卷采用集体施测，并当场收回问卷。在预处理数据时，对缺失性数据和误差性数据以个别访谈法进行补充。该调查问卷的详细内容见附录 3：班级同学诚信行为调查问卷。

3. 数据处理方法

采用 Excel 软件对两份调查问卷的原始数据进行分类管理；采用 SPSS19.0 软件对被试的个体属性数据进行定量分析，同时，对被试的诚信观调查问卷进行李克特 5 级赋分和 Z 分数转换，权重相加后得到每一名学生的诚信观发展水平，并以统计学中"27% 划分原则"将被试诚信观发展水平划分为高、中、低三个水平；采用 UCINET6.0 软件对诚信网络数据进行统计分析和作图，如图 4-1 所示。

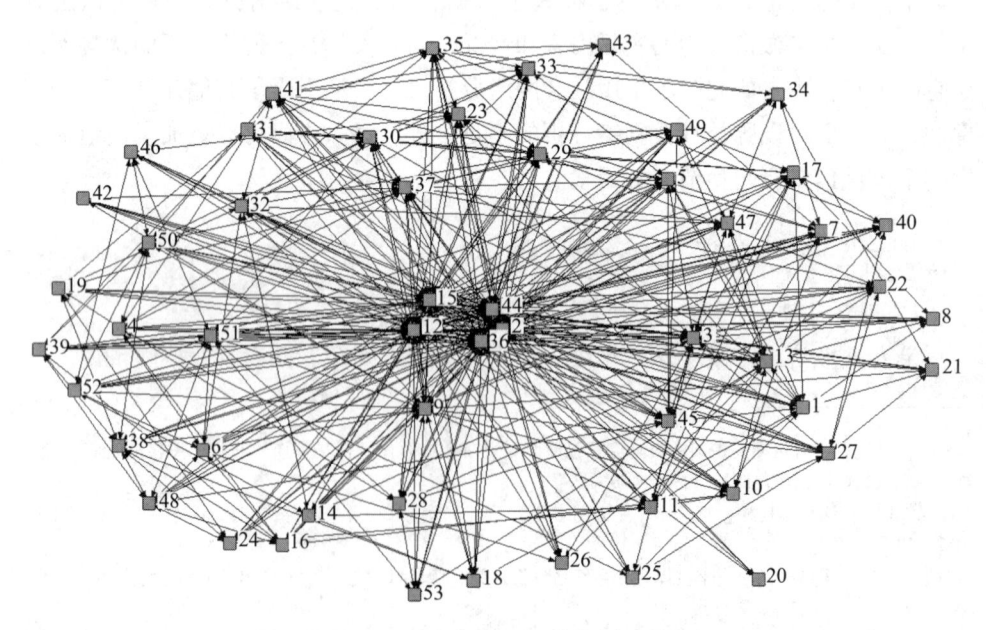

图 4-1 小学生同伴间诚信关系网络结构社群

（三）研究结果与讨论

对小学生同伴诚信关系网络的密度、程度中心性、中介中心性的分析表明，网络密度为0.41，说明被试班级的同伴诚信关系相对紧密；程度中心性和中介中心性的分析结果表明编号为2、12、15、36、44的学生在该网络结构中发挥着较为重要的作用。进而将每一名学生的个体属性特征，包括年龄、性别、是否在班级中任职以及个体诚信观发展水平等，逐一与班级内同伴诚信关系网络进行相关分析的QAP假设检验，[1] 可以发现该网络结构具有以下三个基本特征。

第一，性别不构成影响班级内同伴诚信关系的重要因素。性别与班级内同伴诚信关系网络的QAP假设检验结果显示$p>0.05$，表明性别对于班级内同伴诚信关系网络的影响不显著。这一结果说明，在被试班级内同伴的诚信关系中，男性小学生和女性小学生在与同性同学交往中和与异性同学交往中表现出了相同发展水平的诚信品德，基本上不存在某一性别比另一性别表现出了更多的诚信行为的情况。因此，可以说性别并不能视为影响班级内同伴诚信关系的重要因素。

第二，是否在班级中任职是影响班级内同伴诚信关系的较为重要的因素。是否在班级中任职与班级内同伴诚信关系网络的QAP假设检验结果显示$p<0.05$，表明是否在班级中任职对于班级内同伴诚信关系网络存在显著性影响。这一结果反映出，在被试班级内同伴的诚信关系中，在班级中任职的学生与其他同伴交往中，建立起了更多的诚信关系，比如更加诚实，或者更能守时等。因此，是否在班级中任职应该被视为影响班级内同伴诚信关系形成和发展的较为重要的因素之一。

第三，个体诚信观发展水平构成另一个影响班级内同伴诚信关系的较为重要的因素。个体诚信观发展水平与班级内同伴诚信关系网络的QAP假设检验结果显示$p<0.05$，表明个体诚信观发展水平对于班级内同伴诚信关系网络存在显著性影响。这一结果说明，在被试班级同伴间的诚信关系中，随着被试学生个体诚信观发展水平由低向高的发展，他们在与其他同伴的交往中也由低向高地建立起了更多的诚信关系。也就是说，相较于低、中诚信观发展水平的学生，较高诚信观发展水平的学生在与其他同伴交往中表现出了更多的诚信行为。因此，个体诚信观发展水平对于班级内同伴诚信关系的形成和发展发挥着较为重要的作用。

本书研究结果反映出不同性别学生在诚信行为方面不存在显著性差异的事实，在一定程度上支持了吉利根（C. Giligan）的研究结论。

---

[1] 刘军编. 整体网分析：UCINET软件实用指南 [M]. 北京：格致出版社，上海人民出版社，2014：331.

在吉利根之前,科尔伯格的道德认知发展阶段理论占据着学术核心地位,该理论指出儿童的道德认知遵循由低级向高级发展的顺序。对此,吉利根认为科尔伯格的道德认知发展理论只是对男性道德认知的考察,没有全面反映女性道德认知。在《不同的声音》一书中,吉利根指出人类社会存在着两种典型的道德观取向:公正取向的道德观和关怀取向的道德观,不同个体总是从两者中选择其一。一般而言,男性倾向于公正取向的道德观,而女性倾向于关怀取向的道德观。因此,在具体的道德行为中,男性通过考虑道德的一般规则或条令践行道德,女性则通过在各种关系中表现关怀、感受和责任并践行相关的道德行为。也就是说,性别间道德行为的差异是由于性别间不同的道德观取向造成的而非男性在遵守道德准则方面高于女性。针对以往研究者所持的男性在遵守道德准则方面高于女性的观点,吉利根指出其问题在于以往研究所采用的工具本身存在问题,如科尔伯格使用的"两难故事",容易引发被试的公正思考,从而有利于男性表现出较好的道德认知发展水平,也就人为的造成了性别之间的差异。这表明,以往学界认为儿童道德发展具有性别差异的观点是由于受到理论分析、研究工具等因素的限制造成的,并没有真实全面地反映儿童道德发展的实际情况。实际上,导致儿童道德认识和行为差异的主要原因可能是不同性别的儿童分别采用了不同的道德观取向。

在进行社会网络分析之前和之后的一段时间,笔者对被试班级进行了实地行为追踪,并发现班级内同伴的诚信关系确实存在表现形式的不同。例如,男性小学生之间在进行竞争性游戏时,会事先制定一套游戏规则并在游戏过程中严格遵守。如果出现违规者,则会受到同伴的语言规劝或"游戏终止"的情况;与男性小学生维持同伴诚信关系的行为方式不同,许多女性小学生事先不会制定规则,而是通过同伴间"愿意一起玩"的情感关怀来维持同伴间的诚信关系。因此,与本书所展现的班级内同伴诚信关系网络相一致,性别之间在诚信网络中的地位和作用是一致的而不存在差异性。

本书研究结果表明是否在班级中任职在诚信行为上存在显著性差异,也就是说,在班级中任职的学生在与其他同伴的交往中表现出了更多的诚信行为。笔者认为,这是由于学生干部感受到社会对他们的角色期望,认同并在某种程度上践行了相关的角色行为造成的。

身份认同是人社会化的重要组成部分。米德(G. H. Mead)认为"一个社会群体的组织与统一,也就是在那个群体所从事或者说所进行的社会过程中产生的任何一个自我的组织与统一",[①] 也就是说,处在某一群体中的个体会受到这一

---

① [美]米德,赵月瑟译. 心灵、自我与社会 [M]. 上海:上海译文出版社,2005:113.

群体的社会化影响，从而形成一种"社会自我"。所谓的社会化实际上就是个体认同并接受社会赋予的相应社会角色的过程，其实质就是个体在社会和他人对于特定角色的期待的基础上，做出该角色应有的角色行为。从中我们不难发现，学生干部作为小学生群体当中的重要组成部分，不论是学老师、家长，还是同学都会对这一角色有所期待，比如学习优秀、遵守纪律、品德优良，能够起带头作用，等等。这就使得一名小学生在被选拔为学生干部之后，即"扮演"了学生干部的"角色"之后，自然而然会受到这一角色的鞭策，从而促使自己的言行向符合这一角色期待的方向发展。具体到班级内同伴诚信关系中来看，则表现为在班级中担任职务的同学会在与其他同伴的交往中表现出更多的诚信行为。

在获得社会网络分析结果之后，笔者对在该网络结构中占据重要地位的几位学生干部进行了观察和访谈。观察和访谈结果表明，这些学生干部常常以"我是'××学生干部'（班长/'二道杠'），我就应该这样做"的句式进行自我要求和自我约束。这表明，他们已经具备了清楚地认识到自己在群体中担任着"与众不同"的角色，因而必须承担相应的责任的意识。这就使得他们"自然而然"地在与同伴交往过程中，更加遵守诚信准则，积极地与他人建立起良好的诚信关系。

本书研究结果反映出诚信观发展水平不同的学生在诚信行为上存在显著性差异，从而影响到他们与其他同伴建立起的诚信关系。具体而言，诚信观发展水平越高，在与其他同伴的交往中表现出更多的诚信行为，因而居于整个网络结构的中心。

"诚信观是人们对诚信的基本看法，是人们界定诚信内涵，评定其价值和水平高低的基本取向和内在标准"，属于道德认知的范畴。[1] 在诚信认知与诚信行为的关系中，诚信观支配和维系着诚信行为的发生，并为其提供行动的基本原则和价值引导。例如，随着儿童诚信观发展水平的逐渐提高，他们会更加自觉地遵守诚信规则而不需要外界的约束，并且由只对熟悉的人遵守诚信规则向对陌生人也遵守诚信规则的方向发展。虽然良好的道德认知不一定必然导致道德行为，但良好的道德认知是人自觉、持久性地实践道德行为的重要前提。随着诚信观发展水平的逐渐提高，儿童能形成了更加全面的诚信概念，能够对自己和他人的诚信行为进行全面而合理的评定，并且对诚信的个人和社会价值的有了更高的评价。以往研究也已证明，道德认知的逐渐成熟对促进道德行为的发展具有积极影响。[2]

---

[1] 傅维利，王丹等. 诚信观的构成及其对诚信教育的启示 [J]. 教育研究，2010 (1)：44-49.
[2] [美] 科尔伯格，魏贤超、柯森等译. 道德教育的哲学 [M]. 杭州：浙江教育出版社，2000：82-88.

在笔者进行的实地行为追踪中可以发现，具备较高发展水平诚信观的小学生往往表现出更高的诚信行为概率；相反，处在较低发展水平诚信观的小学生则往往表现出较低的诚信行为概率。这既与以往研究结果基本一致，也与本书研究所展现的小学生同伴间诚信网络结构基本一致。

四、小学生诚信行为的情境实验研究

（一）情境实验法

情境实验法，又称现场实验法，"指在真实的现实情境中，对被试的行为进行一切可能的控制，来揭示自变量与因变量间的关系"。[①] 情境实验法是研究品德发展的一种重要方法，即主试在特定的自然情境下，观察被试的行为反应，了解其品德发展的一种方法。在本书研究中，笔者通过人为的创设四种情境，促使学生表现出其在学校内典型的诚信行为，可以帮助笔者针对全班学生进行有目的的"听其言""观其行"，在相对自然的、真实的环境中观察他们诚信行为的研究目的。

（二）情境实验的主要内容

基于前文提出的小学生日常生活诚信行为清单，笔者设计了以下四组情境实验，具体内容如下。

1. 呈现学生 L–H 的情境

这部分研究由两步组成。第一步，由班主任组织一次单元测试，笔者随同监考。测试前，班主任告知学生这次单元测试成绩将写入"一周评语"中，并要求家长书面反馈评语，因此需要大家认真对待。发放试卷后，笔者和班主任佯装在教室门外聊天，以便呈现一种高利益预期、低情境约束的情境。学生回答完问卷后，由班主任收回试卷。

第二步，笔者通过观看每个教室安装的实时摄像头记录的考试过程，记录每名学生在考试过程中的行为表现，随后对学生进行个别访谈，访谈内容包括："你是否在考试过程中跟其他同学说过话？和谁说过话？""在考试过程中，你是否与同学对过答案？""在考试过程中，你是否偷看或同学的试卷或其他学习资料？""在考试过程中，你是否帮助其他同学作弊？"等等。

[①] 郭秀艳, 杨治良. 基础实验心理学 [M]. 北京：高等教育出版社, 2005：451.

2. 呈现学生 L–T 的情境

这部分研究由两步组成。第一步，笔者利用被试班级每周五的课外阅读课时间，带领学生阅读中外经典诚信故事，并在此过程中，邀请个别同学上台发表自己的阅读感想。随后，要求学生利用周末时间重新读一则诚信故事，并写下自己的读后感，在下周一早上提交。在获得他们的口头承诺之后放学。

第二步，在第一次提交读后感之后，对按时提交的同学进行物质奖励；第二次、第三次重复第一步的内容，但是对按时提交的同学不再进行物质奖励，以便呈现一种低利益预期的情境。此后，第四次要求他们按时提交读后感以观察他们的行为表现。

3. 呈现学生 A–H 的情境

这部分研究由两步组成。第一步，从深入教育一线开始研究，笔者就与被试班级的学生达成协议：作为研究的参与者，对于积极配合老师工作、参与研究任务的同学（笔者称自己是本班的副班主任，负责品德与社会课程内容的修改任务，而本班就是这次修改任务的实验班），笔者会根据其表现奖励数量不等的印章，而集齐一定数量的印章就可以兑换小礼物。在前文所提及的各项研究任务中，都会给予学生一定数量的印章奖励。

第二步，在事先未通知被试班级的情况下，笔者利用一节班会的时间呈现给学生十余种礼物，包括各种文具、贴纸等，要求他们不必呈现自己的奖励印章而依据他们自己的汇报来兑换相应数量的礼物，从而创设一种高利益预期、低情境约束的情境，观察他们的行为表现。

4. 呈现学生 A–T 的情境

这部分研究由两步组成。第一步，由笔者组织一次班级辩论会，要求学生围绕"参与集体活动是否有益"的主题展开。笔者要求他们首先以四人小组为活动单位自主分配正、反方，并进行模拟演练，从而创设一种低情境约束的情境。在此过程中，笔者观察每一小组是否能够制定出分配正、反方的规则，以及每名组员遵守规则的情况。

第二步，在活动结束后，发给每一名学生一份《回执单》，要求学生回答以下几个问题："在小组模拟演练时，你所在的小组是否制定了正、反方分配的规则？""如果你们小组制定了这样的规则，你觉得合理吗？""你对自己分配到的角色满意吗？为什么？""你所在的小组中是否有同学对自己担任的角色不满意？他是怎么表达自己的不满的？你如何处理这一情况？"

（三） 情境实验的结果

1. 呈现学生 L－H 的情境的结果

当班主任和笔者离开教室后，大约前五分钟，教室内还比较安静，大多数学生都在认真回答考卷。但是不久之后，教室内开始活跃起来。

交头接耳说话：5 号、14 号、18 号、28 号、29 号学生和周围的同学说话；11 号和 13 号说话；21 号和 34 号、47 号说话；35 号和 43 号说话；16 号和 39 号说话；17 号和 8 号说话；33 号和 45 号说话；42 号和 49 号说话。

偷看、交流考卷：7 号偷看 19 号考卷；12 号和 46 号交流考卷；4 号、23 号和 25 号交流考卷；28 号偷看 53 号考卷；35 号和 43 号交流考卷；8 号和 17 号交流考卷。

打闹：14 号和 28 号打闹；18 号干扰周围的同学做题；24 号和 48 号丢橡皮玩；45 号和 37 号交换贴纸；42 号和 49 号交换贴纸；8 号和 17 号扔纸团玩；11 号和 13 号玩"桌面足球"；21 号和周围同学打闹……整个教室乱的像"菜市场"！直到班主任和笔者重新进入教室，并点了几个仍然在说话的学生的名字，整个教室才又安静下来。

在随后的个别访谈中，大部分同学都承认在考试过程中与其他同学说过话和打闹过，只有 7 号、14 号、18 号学生不承认；但是对于考试过程中偷看他人考卷或交流答案的情况，大部分同学都不承认发生过，只有 4 号、23 号、25 号学生承认自己在考试过程中相互核对过答案。

2. 呈现学生 L－T 的情境的结果

在第一次收取读后感时，全班同学都能够按时提交，特别是收到小礼物后，大家在第二周提交时的热情更加高涨；但是当第二次、第三次都不能兑换小礼物时，在第四次收取读后感时，只有 23 名学生能够按时提交，分别是 1、3、6、8、10、13、14、17、18、19、25、32、34、37、38、40、42、43、44、47、48、50、51 号学生。

3. 呈现学生 A－H 的情境的结果

兑换活动按照学生的学号依次进行。兑换礼物时，笔者要求每一名学生汇报自己目前获得的奖励印章数，并由笔者做书面记录，以便实验结束后，与之前每次奖励印章后记录下的每一名学生的印章奖励数进行核对。除个别学生明确表示希望继续积攒奖励印章，不进行兑换礼物外，全班同学都在兑换礼物的情境实验中如实汇报自己目前获得的印章数量，并兑换相应数量的礼物。

4. 呈现学生 A－T 的情境的结果

活动开始后，全班同学开始了热烈地讨论，笔者观察到不同小组都首先围绕正、反方角色分配进行了讨论，并制定相应的规则进行角色分配，主要包括"剪刀、石头、布"和"抓阄"等两种主要方式。其中，"剪刀、石头、布"占绝大多数。但是，7、11、13、14、18、26、29、35、49 号学生不能遵守小组成员之间制定的规则，11 号和 26 号学生甚至为了争夺正方角色而在活动过程中打了起来！

五、小学生诚信行为的特征

第一，从总体来看，当前我国小学生诚信行为发展处在良好的稳定发展水平，通过 SPSS 软件对小学生诚信行为率与"父亲学历""母亲学历"之间的相关分析表明，二者之间不存在显著性相关，表明父、母亲学历的高低对于小学生是否做出诚信行为没有统计学意义上的关联。在男、女性别方面，男性小学生诚信行为率的均值为 70.81%，而女性小学生诚信行为率的均值为 78.72%，表明男性小学生在诚信行为发展水平上略低于女性小学生。具体来说，男性小学生的诚实行为率均值为 65.02%，显著低于女性小学生的诚实行为率均值 73.81%；男性小学生的守信行为率为 76.60%，也低于女性小学生的守信行为率均值 83.63%。（详见附录 4：被试诚实行为一览表和附录 5：被试守信行为一览表）

第二，从诚实行为的发展上来看，包括小学生在校外发生的诚实行为和校内发生的诚实行为。在校外发生的诚实行为中，由亲疏关系为关系轴，小学生的诚实行为表现为诚实行为发生率由低逐渐向高发展，也就是说，小学生与家长或亲属表现出了较低的诚实行为率，而对陌生人则表现出了较高的诚实行为率。究其原因，这与小学生日常校外生活主要以在家长或亲属的看护下为主，很少有机会单独接触陌生人有关。另外，在对父、母亲的不诚实行为中，主要以校内学习情况为主，其次是遵守学校和班级的纪律方面存在较多不诚实行为。在校内发生的诚实行为中，小学生诚实行为发生率由高到低依次是：与学习相关的诚实行为（L－H）中，小学生处理与同学之间发生的诚实行为关系；与学习不相关的诚实行为（A－H）中，小学生处理与同学之间发生的诚实行为关系；与学习不相关的诚实行为（A－H）中，小学生处理与教师之间发生的诚实行为关系；与学习相关的诚实行为（L－H）中，小学生处理与教师之间发生的诚实行为关系。由此不难看出，不论是在与学习相关的诚实行为上，还是与学习不相关的诚实行为上，小学生都更倾向于对于同学表现出较高的诚实行为，而对教师则表现出较低的诚实行为。

第三，从守信行为的发展上来看，包括小学生在校外发生的守信行为和校内发生的守信行为。在校外发生的守信行为中，由亲疏关系为关系轴，小学生的守信行为表现为守信行为发生率由高逐渐向低发展，也就是说，小学生与家长或亲属表现出了较高的守信行为率，而对陌生人则表现出了较低的诚实行为率。之所以存在这样的结果，是因为小学生接受的安全教育使他们根本不理会陌生人的请求，另外，与在诚实行为发生相类似，小学生较少有机会与陌生人接触也是他们缺少信守承诺的原因。在与在父、母亲发生的守信行为中，承诺并遵守"在学校好好学习""取得优异成绩""听老师的话"为主，并能被大多数学生所遵守。校内发生的守信行为中，小学生守信行为发生率由高到低依次是：与学习不相关的守信行为（A-T）中，小学生处理与同学之间发生的守信行为关系；与学习不相关的守信行为（A-T）中，小学生处理与教师之间发生的守信行为关系；与学习相关的守信行为（L-T）中，小学生处理与教师之间发生的守信行为关系；与学习相关的守信行为（L-T）中，小学生处理与同学之间发生的守信行为关系。可以看出，小学生更容易在与学习不相关的守信行为中表现出对同学和教师的守信行为，比如遵守游戏规则、借还文具、打扫卫生、送材料到指定的办公室等，因为在小学生看来，这些活动可能会比学习活动付出更少的努力就能完成，同时，也更容易与同学建立起友谊关系和在教师心目中形成"好孩子"的形象，因而也就表现出较高的发生率。

第四章小结：

小学生日常生活虽然相对简单，但是其在生活中涉及的诚信行为也同样复杂、多样。通过观察法、访谈法等质性研究方法，以及社会网络分析法、情境实验法等实证研究方法，对小学生日常诚信行为进行了较为全面的调查。通过分析上述调查结果，本书研究总结出小学生诚信行为的发展性特征：从总体来看，当前我国小学生诚信行为发展处在良好的稳定发展水平；从诚实行为的发展上来看，包括小学生在校外发生的诚实行为和校内发生的诚实行为。在校外发生的诚实行为中，由亲疏关系为关系轴，小学生的诚实行为表现为诚实行为发生率由低逐渐向高发展，也就是说，小学生与家长或亲属表现出了较低的诚实行为率，而对陌生人则表现出了较高的诚实行为率。在校内发生的诚实行为中，小学生诚实行为发生率由高到低依次是：与学习相关的诚实行为（L-H）中，小学生处理与同学之间发生的诚实行为关系；与学习不相关的诚实行为（A-H）中，小学生处理与同学之间发生的诚实行为关系；与学习不相关的诚实行为（A-H）中，小学生处理与教师之间发生的诚实行为关系；与学习相关的诚实行为（L-H）中，小学生处理与教师之间发生的诚实行为关系。第三，从守信行为的发展上来看，包括小学生在校外发生的守信行为和校内发生的守信行为。在校外发生的守信行为中，由亲疏关系为关系轴，小学生的守信行为表现为守信行为发生率由高逐渐向低发展，也就是说，小学生与家长或亲属表现出了较高的守信行为率，而对陌生人则表现出了较低的诚实行为率。校内发生的守信行为中，小学生守信行为发生率由高到低依次是：与学习不相关的守信行为（A-T）中，小学生处理与同学之间发生的守信行为关系；与学习不相关的守信行为（A-T）中，小学生处理与教师之间发生的守信行为关系；与学习相关的守信行为（L-T）中，小学生处理与教师之间发生的守信行为关系；与学习相关的守信行为（L-T）中，小学生处理与同学之间发生的守信行为关系。

第五章

小学生诚信知行冲突的识别及其特征

对比小学生诚信认知与诚信行为之间的矛盾程度是识别小学生诚信知行冲突的重要标准。本章中，通过对之前两章研究结果的赋分和对比，反映二者之间的矛盾程度，从而识别被试小学生中的诚信知行冲突问题。

一、小学生诚信认知研究的赋分

为了获得小学生诚信观发展水平进行定量性的判断，笔者制定了一套系统的赋分规则，以便对诚信观的三个基本方面，即诚信的基本内容、诚信行为的评定标准以及对诚信价值的评价分别进行赋分，并将这些原始分数转化为 Z 分数进行判断。

（一）赋分规则的制定及几点说明

诚信的基本内容反映出被试对"诚信"的内涵和外延的认知，在《儿童、青少年诚信观念调查问卷》中共有三道题目组成，根据认知水平从高到低发展的趋势，以及小学生思维的模糊性和粗略性的特点，分别赋予 3 分、2 分、1 分（见表 5-1 小学生"诚信基本内容"赋分表）。

"小学生思维的模糊性和粗略性"，是指笔者根据被试回答诚信观调查问卷的情况，向相关学生进行了进一步的深入访谈，了解他们对某些题目的主观认识。结果发现，多数学生对于某些题目的"量"的认知上存在不确定性和模糊性。例如，学生很难准确地区分"偶尔听到过"和"有时听到过"，类似的情况还包括后面部分中的"少许利益"和"一些利益"，或者"少数几个人发现"和"有一些人发现"等等。因此，笔者在赋分的时候还将小学生思维的这一特性考虑在内进行赋分。

表 5-1　　　　　　　　小学生"诚信基本内容"赋分表

维度	题目	选项内容	认知水平	赋分
诚信的基本内容	你听到过"诚信"这个词吗？	经常能听到	高	3分
		偶尔听到过 有时听到过	中	2分
		没有听过 不能确定，好像听过	低	1分
	你认为"诚信"的含义是什么？	讲真话，不说谎，而且能说到做到	高	3分
		讲真话，不说谎 不违约	中	2分
		听话，做个好孩子 相信别人 处处为别人着想 尊重别人	低	1分
	你觉得自己对于"诚信"这个词理解得清晰吗？	特别清晰	高	3分
		比较清晰 清晰	中	2分
		不清晰 不太清晰	低	1分

对诚信行为的评定标准的赋分相对较为复杂：一方面，要把对诚信行为的评定标准区分为对诚实行为的评定标准和对守信行为的评定标准两个部分；另一方面，则要包含《儿童、青少年诚信观念调查问卷》中两个基本范畴、四个基本维度。因此，笔者根据认知水平从高到低发展的趋势，以及小学生思维的模糊性和粗略性的特点，分别赋予 5 分、4 分、3 分、2 分、1 分（见表 5-2 小学生"诚实行为评定标准"赋分表和表 5-3 小学生"守信行为评定标准"赋分表）

表 5-2　　　　　　　　小学生"诚实行为评定标准"赋分表

范畴	维度	选项内容	赋分
对己基本范畴	利益预期	什么情况下都不能说谎	5分
		当说谎能给自己带来少许利益时	4分
		当说谎能给自己带来一些利益时	3分
		当说谎能给自己带来比较大的利益时	2分
		当说谎能给自己带来重大利益时	1分

续表

范畴	维度	选项内容	赋分
对己基本范畴	频率	只要说过，就算	5分
		十次有两次说谎就算	4分
		十次有五次说谎就算	3分
		十次有八次说谎就算	2分
		每次都说谎才算	1分
	情境约束	无论何种情况，我都不会说谎	5分
		做错了事，只有少数几个人发现了	4分
		做错了事，有一些人发现了	3分
		做错了事，有较多的人发现了	2分
		做错了事，有很多人发现了	1分
对他基本范畴	利益预期	什么情况下都不能原谅	5分
		当此人的说谎行为能给他带来少许的利益时	4分
		当此人的说谎行为能给他带来一些利益时	3分
		当此人的说谎行为能给他带来比较大的利益时	2分
		当此人的说谎行为能给他带来重大利益时	1分
	频率	每次都讲真话，从不说谎的人才算	5分
		十次有八次讲真话的就算	4分
		十次有五次讲真话的就算	3分
		十次有两次讲真话的就算	2分
		只要有一次讲过真话的就算	1分
	情境约束	当谎言肯定不会被戳穿时	5分
		当谎言有较大可能不会被戳穿时	4分
		当谎言有可能被戳穿时	3分
		当谎言有较大可能会被戳穿时	2分
		当谎言肯定会被戳穿时	1分
	对象	根据被试所做出的排列顺序，分别赋予5分、4分、3分、2分、1分	

表 5-3　　　　　　　　小学生"守信行为评定标准"赋分表

范畴	维度	选项内容	赋分
对己基本范畴	利益预期	无论付出多大代价都能	5 分
		付出较大代价时也能	4 分
		付出一些代价时能	3 分
		付出较小代价时才能	2 分
		肯定不能	1 分
	频率	每次都守信,从不违约才算	5 分
		十次有八次不违约才算	4 分
		十次有五次不违约就算	3 分
		十次有两次不违约就算	2 分
		只要有过一次不违约就算	1 分
	情境约束	周围所有人都守信	5 分
		周围大多数人守信	4 分
		周围有人守信,有人不守信	3 分
		周围只有少数人守信	2 分
		周围人都不守信	1 分
对他基本范畴	利益预期	什么情况下都不能原谅	5 分
		当此人的不守信行为能给他带来少许的利益时	4 分
		当此人的不守信行为能给他带来一些利益时	3 分
		当此人的不守信行为能给他带来比较大的利益时	2 分
		当此人的不守信行为能给他带来重大利益时	1 分
	频率	每次都不违约才算	5 分
		十次有八次不违约才算	4 分
		十次有五次不违约就算	3 分
		十次有两次不违约就算	2 分
		只要有过一次不违约就算	1 分
	情境约束	周围所有人都守信	5 分
		周围大多数人守信	4 分
		周围有人守信,有人不守信	3 分
		周围只有少数人守信	2 分
		周围人都不守信	1 分
	对象	根据被试所做出的排列顺序,分别赋予 5 分、4 分、3 分、2 分、1 分	

对诚信价值的评价的赋分也由对诚实价值的评价和对守信价值的评价两个部分组成。因此，笔者根据认知水平从高到低发展的趋势，以及小学生思维的模糊性和粗略性的特点，分别赋予3分、2分、1分（见表5-4小学生"对诚实价值的评价"赋分表和表5-5小学生"对守信价值的评价"赋分表）。

表5-4　　　　　　　　小学生"对诚实价值的评价"赋分表

维度	题目	选项内容	认知水平	赋分
个人	你认为诚实对个人的最大价值主要表现在哪里？	感觉做人坦荡，不会受到良心的谴责	高	3分
		能给自己创建一个好的学习和生活环境（比如，能与同学、老师坦诚的交流，结交更多的朋友，等等） 有助于自己更好的发展（比如，有助于自己更快地加入少先队、共青团等先进组织，等等）	中	2分
		其他	低	1分
团体	你更看重诚实对团体（如班级、学校、企业等）价值的哪一方面？	有助于社会各个方面对于该团体的认可	高	3分
		能帮助团体创建一个好的内部运行环境 有助于团体中各个成员更好的发展	中	2分
		其他	低	1分

表5-5　　　　　　　　小学生"对守信价值的评价"赋分表

维度	题目	选项内容	认知水平	赋分
个人	你更看重守信（说话算数，不违约）对个人价值的哪一方面？	感觉做人坦荡，不会受到良心的谴责	高	3分
		能给自己创建一个好的学习和生活环境（比如，能获得同学、老师的信任，结交更多的朋友，等等） 有助于自己更好的发展（比如，有助于自己更快地加入少先队、共青团等先进组织，等等）	中	2分
		其他	低	1分
团体	你认为守信对团体（如班级、学校、企业等）的最大价值主要表现在哪里？	有助于社会各个方面对于该团体的认可	高	3分
		能帮助团体创建一个好的内部运行环境 有助于团体中各个成员更好的发展	中	2分
		其他	低	1分

通过Excel软件将上述题目的原始成绩录入，并通过SPSS19.0软件进行标准

Z 分数的转换,以便将各部分的成绩相加。Z 分数是指"从平均数为 μ,标准差为 σ 的总体中抽出一个变量值 x,Z 分数表示的是此变量大于或小于平均数几个标准差。由于 Z 分数分母的单位与分子相同,故 Z 分数没有单位,因此能够用来比较两个从不同单位总体中抽出的变量值",[1] 这对于将不同诚信观组成部分的成绩相加,以获得有关每一名学生的、具有统计学意义的标准分数具有重要作用。其计算公式为:

$$Z = \frac{x - \mu}{\sigma} \quad (5-1)$$

Z 分数的分布是平均数为零,标准差为 1,"对于比较来自两个不同样本的分数时很有用处""然而,这种比较只有在两个分布的形态相似时才合理。"[2] 本书研究所获得的各组数据在整体上都表现为正态分布,因此适用于转换为标准 Z 分数。

(二) 诚信观调查问卷的赋分及结果

根据以上赋分规则,利用 EXCEL 软件和 SPSS19.0 软件对被试班级全体学生的诚信观调查问卷进行赋分和标准 Z 分数的转换。在获得每一名学生在所有题目上的 Z 分数后,根据以下公式获得其对应的诚信观、诚实观、守信观的得分:

$$诚信观得分 = Z_{诚信的基本内容} + Z_{诚信行为评定标准} + Z_{对诚信价值的评价} \quad (5-2)$$
$$诚实观得分 = Z_{诚信的基本内容} + Z_{诚实行为评定标准} + Z_{对诚实价值的评价} \quad (5-3)$$
$$守信观得分 = Z_{诚信的基本内容} + Z_{守信行为评定标准} + Z_{对守信价值的评价} \quad (5-4)$$

由此获得每一名学生的诚信观、诚实观和守信观的得分,如"表 5 - 6 小学生诚信观得分(标准 Z 分数)一览表""表 5 - 7 小学生诚实观得分(标准 Z 分数)一览表""表 5 - 8 小学生守信观得分(标准 Z 分数)一览表"所示。

表 5 - 6   小学生诚信观得分(标准 Z 分数)一览表

学生编号	得分(标准 Z 分数)	学生编号	得分(标准 Z 分数)	学生编号	得分(标准 Z 分数)
1	0.92	5	10.92	9	8.18
2	2.50	6	14.80	10	2.61
3	9.23	7	-2.35	11	-3.98
4	-7.67	8	1.97	12	-4.16

---

[1] 谢蕾蕾,宋志刚,何旭洪主编. SPSS 统计分析实用教程 [M]. 北京:人民邮电出版社,2013:51.
[2] [美] Barry H. Cohen. 心理统计学(第 3 版)(上)[M]. 上海:华东师范大学出版社,2011:109.

续表

学生编号	得分（标准Z分数）	学生编号	得分（标准Z分数）	学生编号	得分（标准Z分数）
13	0.71	27	1.02	41	-3.01
14	-0.26	28	-1.94	42	0.12
15	8.19	29	-2.34	43	3.18
16	-9.75	30	-31.95	44	-1.77
17	-7.32	31	8.19	45	-3.86
18	12.44	32	9.09	46	11.51
19	0.07	33	7.84	47	-4.44
20	-11.87	34	-5.24	48	-13.18
21	-6.64	35	-4.47	49	3.29
22	1.92	36	-11.09	50	5.65
23	-3.10	37	-4.29	51	-2.57
24	9.10	38	5.13	52	-11.50
25	11.27	39	3.58	53	-7.19
26	7.14	40	5.35		

表5-7　　　　小学生诚实观得分（标准Z分数）一览表

学生编号	得分（标准Z分数）	学生编号	得分（标准Z分数）	学生编号	得分（标准Z分数）
1	-0.02	13	0.68	25	5.52
2	1.38	14	-3.59	26	4.26
3	3.00	15	5.87	27	-0.07
4	-3.86	16	-1.01	28	-2.80
5	4.27	17	-5.15	29	-0.09
6	9.02	18	4.65	30	-13.83
7	-3.00	19	-2.34	31	5.87
8	0.59	20	-3.77	32	4.23
9	5.10	21	-3.76	33	5.12
10	0.10	22	1.22	34	0.40
11	2.11	23	-2.74	35	-0.14
12	-1.31	24	6.01	36	-5.49

续表

学生编号	得分（标准 Z 分数）	学生编号	得分（标准 Z 分数）	学生编号	得分（标准 Z 分数）
37	-0.98	43	-0.27	49	0.91
38	4.23	44	-3.90	50	-0.99
39	6.32	45	3.20	51	-5.91
40	3.19	46	3.50	52	-11.66
41	5.50	47	-2.18	53	-5.95
42	-3.01	48	-8.44		

表 5-8　小学生守信观得分（标准 Z 分数）一览表

学生编号	得分（标准 Z 分数）	学生编号	得分（标准 Z 分数）	学生编号	得分（标准 Z 分数）
1	-0.40	19	-2.32	37	-4.65
2	1.52	20	-5.91	38	-0.44
3	6.63	21	-9.39	39	-0.54
4	-2.32	22	1.10	40	0.82
5	5.35	23	3.89	41	-9.85
6	7.97	24	3.54	42	-3.33
7	-2.47	25	7.94	43	2.11
8	0.04	26	5.07	44	0.80
9	5.27	27	-0.24	45	-6.66
10	4.70	28	1.27	46	10.19
11	-2.87	29	-3.58	47	-1.85
12	-0.65	30	-17.72	48	-6.07
13	-1.30	31	4.51	49	2.78
14	3.72	32	3.53	50	7.04
15	4.51	33	4.90	51	0.40
16	-10.08	34	-5.23	52	0.57
17	2.84	35	-5.68	53	-4.23
18	8.19	36	-3.40		

由此，笔者获得了每一名被试学生诚信观、诚实观和守信观三组分数。

二、小学生诚信行为研究的赋分

为了获得小学生诚信行为发展水平进行定量性的判断,笔者同样地制定了一套系统的赋分规则,以便对本书前述的对小学生诚信行为的诸多方面的研究,分别进行赋分。

(一) 赋分规则的制定及几点说明

由于对小学生诚信行为的诸多方面的研究主要涉及对小学生诚信行为的评定,故此将前述研究的各项具体内容分别置于"诚信行为的评定标准"下的各个维度,并分别赋分(见表5-9诚实行为评定标准的维度与小学生诚实行为对应赋分表和表5-10守信行为评定标准的维度与小学生守信行为对应赋分表)。

表5-9　　　诚实行为评定标准的维度与小学生诚实行为对应赋分表

维度	对应研究内容	赋分
利益预期	(1) 在观察、访谈、社会网络分析及情境实验等研究内容中都表现出诚实行为 (2) 在观察、访谈、社会网络分析及情境实验等研究内容中基本(75%左右的事件)能够表现出诚实行为 (3) 在观察、访谈、社会网络分析及情境实验等研究内容中不能表现出诚实行为	(1) 3分 (2) 2分 (3) 1分
频率	(1) 诚实行为率81%~100% (2) 诚实行为率16%~80% (3) 诚实行为率1%~15%	(1) 3分 (2) 2分 (3) 1分
情境约束	(1) 在观察、访谈、社会网络分析及情境实验等研究内容中都表现出诚实行为 (2) 在观察、访谈、社会网络分析及情境实验等研究内容中基本(75%左右的事件)能够表现出诚实行为 (3) 在观察、访谈、社会网络分析及情境实验等研究内容中不能表现出诚实行为	(1) 3分 (2) 2分 (3) 1分
对象	在观察、访谈、社会网络分析及情境实验等研究内容中,按照对象亲疏关系由近到远的关系赋分	(1) 亲人:3分 (2) 老师、同学、朋友:2分 (3) 陌生人:1分

第五章 小学生诚信知行冲突的识别及其特征

表 5-10　守信行为评定标准的维度与小学生守信行为对应赋分表

维度	对应研究内容	赋分
利益预期	(1) 在观察、访谈、社会网络分析及情境实验等研究内容中都表现出守信行为 (2) 在观察、访谈、社会网络分析及情境实验等研究内容中基本（75%左右的事件）能够表现出守信行为 (3) 在观察、访谈、社会网络分析及情境实验等研究内容中不能表现出守信行为	(1) 3 分 (2) 2 分 (3) 1 分
频率	(1) 守信行为率 81%~100% (2) 守信行为率 16%~80% (3) 守信行为率 1%~15%	(1) 3 分 (2) 2 分 (3) 1 分
情境约束	(1) 在观察、访谈、社会网络分析及情境实验等研究内容中都表现出守信行为 (2) 在观察、访谈、社会网络分析及情境实验等研究内容中基本（75%左右的事件）能够表现出守信行为 (3) 在观察、访谈、社会网络分析及情境实验等研究内容中不能表现出守信行为	(1) 3 分 (2) 2 分 (3) 1 分
对象	在前述观察、访谈、社会网络分析及情境实验等研究内容中，按照对象亲疏关系由近到远的关系赋分	(1) 亲人：3 分 (2) 老师、同学、朋友：2 分 (3) 陌生人：1 分

通过 Excel 软件将上述题目的原始成绩录入，并通过 SPSS19.0 软件进行标准 Z 分数的转换，以便将各部分的成绩相加。

（二）小学生诚信行为的赋分及结果

根据以上赋分规则，利用 Excel 软件和 SPSS19.0 软件对被试班级全体学生的诚信行为进行赋分和标准 Z 分数的转换。在获得每一名学生在所有研究内容上的 Z 分数后，根据以下公式获得其对应的诚实行为和守信行为的得分：

$$诚实行为 = Z_{利益预期} + Z_{频率} + Z_{情境约束} + Z_{对象} \quad (5-5)$$

$$守信行为 = Z_{利益预期} + Z_{频率} + Z_{情境约束} + Z_{对象} \quad (5-6)$$

由此获得每一名学生的诚实行为和守信行为的得分，如表 5-11、表 5-12 所示。

表 5-11　小学生诚实行为得分（标准 Z 分数）

学生编号	得分（标准 Z 分数）	学生编号	得分（标准 Z 分数）	学生编号	得分（标准 Z 分数）
1	-8.48	3	24.85	5	-8.48
2	0.96	4	11.29	6	2.11

续表

学生编号	得分（标准Z分数）	学生编号	得分（标准Z分数）	学生编号	得分（标准Z分数）
7	-7.64	23	2.95	39	-2.85
8	-2.85	24	-2.85	40	10.45
9	11.73	25	10.45	41	-2.85
10	4.64	26	-8.48	42	-8.48
11	-8.48	27	-2.85	43	-2.85
12	5.92	28	-8.48	44	24.85
13	-7.82	29	-13.44	45	-2.85
14	-7.64	30	-2.85	46	-2.85
15	0.96	31	16.07	47	-7.82
16	-7.82	32	-2.85	48	-8.48
17	-2.85	33	2.95	49	-2.85
18	-2.67	34	4.64	50	-2.85
19	16.07	35	-2.85	51	2.95
20	2.85	36	11.73	52	10.45
21	-2.85	37	-8.48	53	-2.85
22	-7.82	38	2.95		

表 5-12　　小学生守信行为得分（标准Z分数）

学生编号	得分（标准Z分数）	学生编号	得分（标准Z分数）	学生编号	得分（标准Z分数）
1	10.24	11	-4.34	21	-2.32
2	3.23	12	-1.84	22	-5.55
3	19.02	13	6.37	23	-5.55
4	-5.55	14	-10.37	24	-5.55
5	-5.55	15	10.33	25	5.17
6	5.17	16	-9.41	26	-14.24
7	-14.24	17	0.34	27	-5.55
8	10.24	18	-19.31	28	1.55
9	10.33	19	5.17	29	-9.41
10	10.24	20	-9.41	30	-2.32

续表

学生编号	得分（标准 Z 分数）	学生编号	得分（标准 Z 分数）	学生编号	得分（标准 Z 分数）
31	1.55	39	1.55	47	0.34
32	5.17	40	10.24	48	0.34
33	-5.55	41	-2.32	49	-10.37
34	1.30	42	-6.76	50	5.17
35	-9.16	43	5.17	51	10.24
36	6.46	44	13.94	52	1.55
37	5.42	45	-5.55	53	1.55
38	5.17	46	-2.32		

由此，笔者获得了每一名被试学生诚实行为和守信行为两组分数。

三、小学生诚信知行冲突的类型识别

通过以上对小学生诚信观和诚信行为的赋分及其结果的计算，笔者获得了有关小学生诚信知行方面的、具有代表性和可比较性的数值，在此基础上，笔者将两种数值进行比较，以便了解小学生诚信知行冲突的实际情况。

根据前述对小学生诚信观发展水平的赋分和对诚信行为发展水平的赋分所最终得到的 Z 分数，并根据 Z 分数正、负号的特性，对比二者的符号，笔者将小学生的诚信认知和诚信行为之间的冲突水平分别由"2""0""-1"表示。其中，"2"表示小学生诚信知行一致（积极），由两个 Z 分数正值获得；"0"表示小学生诚信知行冲突，由一个 Z 分数正值和一个 Z 分数负值获得；"-1"表示小学生诚信知行一致（消极），由两个 Z 分数负值获得（如附录6："小学生诚信知行冲突状况一览表"所示）。其中，在存在诚信知行冲突的小学生（也即"0"）中，本书研究又主要以研究高知低行的一类小学生为主，也即在诚信观发展水平上获得一个 Z 分数正值，而在诚信行为发展水平上却获得了一个 Z 分数负值。因此，后文中如不做专门解释，则在提到"具有诚信知行冲突的个体/学生"时专指这一类学生。

从上述结果中，本书研究获得了一些在诚信知行方面存在冲突的典型个体（见表5-13 小学生诚实知行冲突和守信知行冲突个体一览表）。在被试班级中，具有诚实知行冲突的个体为14人，约占该班总人数的26.42%。具有守信知行冲突的个体为10人，约占该班总人数的18.87%。其中，5，18，22，24，26，46

和 49 号等 7 名学生既存在诚实知行冲突，又存在守信知行冲突，约占该班总人数的 13.21%。

表 5-13　　　　　　　小学生诚实知行冲突和守信知行冲突个体

类型	典型个体	备注
诚实知行冲突	5, 8, 11, 13, 18, 22, 24, 26, 32, 39, 41, 45, 46, 49	14 人
守信知行冲突	5, 14, 18, 22, 23, 24, 26, 33, 46, 49	10 人

1. 典型小学生诚实知行冲突的个体特征

14 名具有诚实知行冲突的典型小学生在对诚信基本内容的认识上的 Z 分数均值为 0.44，其中，有 5 名学生在对诚信基本内容的认识上为负值，占具有诚实知行冲突的典型小学生的 35.71%；在比较诚实和守信两种品质与其他品质的重要程度时，有 6 名学生将"诚实"或"守信"排在第一位，有 5 名学生将"诚实"或"守信"排在第二位。这些证据表明大多数存在诚实知行冲突的典型小学生对于"诚信"概念的基本认识存在一定的不足。

在对诚实行为的评定标准方面，典型小学生在对己基本范畴、对他基本范畴和利益预期维度、频率维度、情境约束维度上的得分都是正值，表明典型小学生在对诚实行为的评定标准方面存在合理性；在对己基本范畴上，各维度上的 Z 分数均值依照频率维度→利益预期维度→情境约束维度的顺序逐渐递减；在对他基本范畴上，各维度上的 Z 分数均值依照利益预期维度→频率维度→情境约束维度的顺序逐渐递减，表明典型小学生不论在处理对己基本范畴的情境约束维度下的诚信行为，还是对他基本范畴的情境约束维度下的诚信行为，发展水平都较低，如表 5-14 所示。

表 5-14　　　　　　　典型小学生诚信行为评定标准均值

项目说明		典型小学生诚信行为评定标准得分均值	
		诚实观	守信观
对己范畴	利益预期维度	0.34	0.26
	频率维度	0.50	0.34
	情境约束维度	0.11	-0.23
对他范畴	利益预期维度	0.48	0.23
	频率维度	0.23	0.06
	情境约束维度	0.14	-0.19

在对象维度方面,通过对比被试班级整体在问卷涉及的排序题上排序的频率与典型小学生在问卷涉及的排序题上的排序的频率,可以发现,二者不存在显著性差异,说明典型小学生在对象维度上的发展水平与被试班级整体的发展水平趋于一致。

具有诚实知行冲突的个体对诚实价值的评价上的 Z 分数均值为 1.12,表明典型小学生同样能够认识到诚实品质对于个体发展和社会发展的价值。但是,在 14 名具有诚实知行冲突的个体中,有 4 名学生对诚实价值的评价上的 Z 分数为负值,说明在具有诚实知行冲突的典型小学生中也存在着不能正确评价诚实品质价值的现象。

在不同性别的具有诚实知行冲突的个体比较中,笔者发现男性小学生与女性小学生之间并不存在显著性差异,二者之间在诚实观各个方面的 Z 分数均值都趋于一致。

在诚实行为方面,具有诚实知行冲突的个体 Z 分数均值为 -4.75,并且他们在利益预期维度、频率维度、情境约束维度和对象维度上的 Z 分数均值也都为负值(见表 5-15),表明他们在各个维度方面的诚实行为表现都存在不足。

表 5-15　　　　　　　典型小学生诚实行为各维度均值

项目说明	典型小学生诚实行为得分均值
利益预期维度	-0.36
频率维度	-0.48
情境约束维度	-0.36
对象维度	-0.36

2. 典型小学生守信知行冲突的个体特征

10 名具有守信知行冲突的典型小学生在对诚信基本内容的认识上的 Z 分数均值为 0.86,其中,有 2 名学生在对诚信基本内容的认识上为负值;在比较诚实和守信两种品质与其他品质的重要程度时,有 4 名学生将"诚实"或"守信"排在第一位,有 3 名学生将"诚实"或"守信"排在第二位。这些证据表明存在守信知行冲突的典型小学生对于"诚信"概念的基本认识存在一定的不足。

在对守信行为的评定标准方面,典型小学生在对己基本范畴的情境约束维度上和对他基本范畴的情境约束维度上的得分都是负值,表明典型小学生在对守信行为的评定标准方面存在不合理性;在对己基本范畴上,各维度上的 Z 分数均值依照频率维度→利益预期维度→情境约束维度的顺序逐渐递减;在对他基本范畴上,各维度上的 Z 分数均值依照利益预期维度→频率维度→情境约束维度的顺序逐渐递减,表明典型小学生在处理不同维度上对守信行为评定的合理性方面,其发展水平逐渐降低。(见表 4-15 典型小学生诚信行为评定标准均值一览表)

在对象维度方面,通过对比被试班级整体在问卷涉及的排序题上排序的频率与典型小学生在问卷涉及的排序题上的排序的频率,可以发现,二者不存在显著性差异,说明典型小学生在对象维度上的发展水平与被试班级整体的发展水平趋于一致。

具有守信知行冲突的个体对守信价值的评价上的 Z 分数均值为 1.48,表明典型小学生同样能够认识到诚实品质对于个体发展和社会发展的价值。但是,在 10 名具有诚实知行冲突的个体中,有 2 名学生对诚实价值的评价上的 Z 分数为负值,说明在具有诚实知行冲突的典型小学生中也存在着不能正确评价诚实品质价值的现象。

在不同性别的具有诚实知行冲突的个体比较中,笔者发现男性小学生与女性小学生之间并不存在显著性差异,二者之间在诚实观各个方面的 Z 分数均值都趋于一致。

在守信行为方面,具有守信知行冲突的个体 Z 分数均值为 -8.43,并且他们在利益预期维度、频率维度、情境约束维度和对象维度上的 Z 分数均值也都为负值(见表 5-16),表明他们在各个维度方面的守信行为表现都存在不足。

表 5-16　　　　　　　　典型小学生守信行为各维度均值

项目说明	典型小学生诚实行为得分均值
利益预期维度	-0.62
频率维度	-1.02
情境约束维度	-0.62
对象维度	-0.62

通过上述分析不难发现,在初步获得的典型小学生中,他们在诚实知行关系上和守信知行关系上都还存在明显的问题,其中最为关键的是,绝大多数的典型小学生在诚实认知和守信认知的不同指标和维度上都还存在不足。其中,存在诚实知行冲突的典型小学生中,85.71% 的小学生在诚信观的不同指标和维度上存在负值,表明他们在这些指标和维度的发展水平低于被试班级的平均水平;存在守信知行冲突的典型小学生中,80% 的小学生在诚信观的不同指标和维度上存在负值,表明他们在这些指标和维度的发展水平低于被试班级的平均水平;在 7 名

既存在诚实知行冲突,又存在守信知行冲突的典型小学生中,有 4 名小学生都存在负值的情况。

四、小学生诚信知行冲突的特征与原因

根据以上结果,笔者认为小学生中存在着的诚信知行冲突问题,其实尚可以划分为两类:一是"假"的诚信知行冲突问题,即具有高诚信认知发展水平的小学生表现出低水平的诚信行为仅仅是一种表象,这一表象误使我们认为小学生的诚信认知发展水平是"高"的,而其诚信行为发展水平是"低"的,因而存在着"高"与"低"的差距。事实上,从本书研究提供的上述结果来看,在典型小学生的"高"诚信认知发展水平中,实际上潜藏着"低"诚信认知因素,有的典型小学生是在"诚信"的内涵和外延认知发展水平方面低于被试班级平均水平,有的典型小学生是在诚信的价值评价方面低于被试班级平均水平,有的则是在对诚信行为的评价的不同维度上低于被试班级平均水平。也就是说,对于初步获得的具有诚信知行冲突的典型小学生来说,之所以大部分学生没有表现出特定的诚信行为,与其诚信认知的特定内容存在不足可能存在着显著的相关性。因此,这些小学生本身并不是真的具备了较高发展水平的诚信认知,而是发展尚不完整、存在着一定的"低知"因素的诚信认知,因此,这种诚信认知较不可能导致相应的较高发展水平的诚信行为也是可以理解的。

需要注意的是,这里所谓的"假"是就本书研究所将要讨论的完全符合前文界定的诚信知行冲突的概念相对而言的。从这一部分学生的诚信认知发展水平来看,他们还是具备了相对较高发展水平的诚信认知,这由他们的诚信认知赋分均为正值中可以体现。但是,通过对各个维度的精细化运算中得到了他们的存在负值的项目,随着这些负值的抵消,使得他们最终得分上显现出正值。这恰恰说明他们还未做好诚信知行转换的全部准备工作,但是又不同于消极的诚信知行一致,因此说他们是"假"的诚信知行冲突。

笔者认为,之所以会存在"假"的诚信知行冲突小学生,与当前我国学校诚信教育密切相关,即学校诚信教育并未提供给学生完整而充分的诚信知识,以帮助他们形成完整的诚信观,从而导致他们没有形成完整的和良好的诚信认知。这具体表现在以下三个方面。

首先,小学诚信教育过分强调和一味灌输具有价值导向的认知性诚信知识。然而,这些知识缺乏对"诚信"本身的理性认识,以及对"诚信行为评价标准"的知识,学生们仅仅知道教材当中的这些是"正确"的,而不知道为什么是

"正确"的，因而不能有效地将学到的诚信知识迁移到自己日常的人际交往中。例如，在人民教育出版社《品德与社会——五年级（上）》中有这样一则故事：①

> 曾经有过这样一篇报道：一个在国外留学的青年，在校学习成绩很好，也很精明能干。毕业后，他满以为凭着自己的学识和才华，能够找到一份很好的工作。可是，他跑了几家公司，都被拒聘了。当他询问拒聘的原因时，得到的答复是："因为你有三次逃票的记录。我们不会录用一个不诚实的人。"

在这则故事之前，教材设置了这样一个问题："在我们生活中，人们有时常常在不经意中丢掉了诚信。那么，当诚信被丢掉时，同时还会推动什么呢？"而在这则故事之后，教材设置了两名学生对这则故事的感想，一名学生在想："仅仅三次逃票记录使他失去了……"，另一名学生则在想："这些公司为什么把诚实看得这么重要？"通过分析不难发现，这则故事本身以及之前的问题设置和之后的讨论，都突出了诚实品质的重要性，其重点在于使小学生认识到诚实品质是一种不能丢掉的重要的道德品质，并因此小学生也应该在社会生活中时时处处遵循诚实品质。从中我们也不难发现，教材中设置的故事、问题以及讨论，都属于具有价值导向的认知性诚信知识，这种知识的灌输可能在一定程度上能够促使小学生形成对诚信品德的认可，但是却不利于他们形成有关"诚信"本身的知识。从本书第二章中对小学生进行的诚信观的实证调查中，我们也可以发现相一致的情况，即小学生对"诚信"概念的认知发展水平相对稳定，但是在存在诚信知行冲突的典型小学生中却在这一方面存在明显的欠缺，而具有消极的诚信知行一致的小学生群体，在有关"诚信"概念的认知发展水平上的实际情况更是让人堪忧。因此，学校中不完整的诚信知识限制了小学生诚信认知水平的发展。

其次，小学诚信教育中的诚实教育素材和守信教育素材比例失衡。有研究者对小学诚实教育素材和守信教育素材进行了对比研究，如表5-17和表5-18所示。在小学阶段，教材中有关的诚实教育素材的条目高于守信教育素材，并且诚实教育素材的详尽程度也领先于守信教育素材。这一现象的存在，会对小学生形成完整的诚——信观念造成不利影响。毕竟，诚实和守信之间存在着必然联结，即诚实是守信的基础，守信是诚实的升华。因而，小学诚信教育中两种教育素材的不均衡发展会导致小学生有关诚信观念的不均衡发展，从长远来看，则从根本上不利于诚信品德的全面发展。

---

① 本书研究选自人民教育出版社2010年2月第4版《品德与社会》五年级（上）第9页。

表 5-17　　　　"人教"版教材《品德与社会》中的诚实内容

序号	内容介绍	内容来源	备注
1	坦率讲出自己想法	《品德与社会》五年级（上）	P2
2	贺卡的谎言	《品德与社会》五年级（上）	P5
3	阿姨多找钱	《品德与社会》五年级（上）	P7
4	留学生逃票	《品德与社会》五年级（上）	P9
5	假冒商品的危害	《品德与社会》五年级（上）	P10
6	报纸报道的造假事件	《品德与社会》五年级（上）	P11
7	中学生生物作业抄袭	《品德与社会》五年级（上）	P13
8	厂长砸冰箱	《品德与社会》五年级（上）	P16
9	温州假鞋	《品德与社会》五年级（上）	P17

资料来源：刘伟，傅维利. 我国思想品德教材中的诚信知行缺位及改进对策 [J]. 当代教育科学，2013（12）：58-60.

表 5-18　　　　"人教"版教材《品德与社会》中的守信内容

序号	内容介绍	内容来源	备注
1	借书按时归还	《品德与社会》五年级（上）	P2
2	车站之约	《品德与社会》五年级（上）	P4
3	洗菜之约	《品德与社会》五年级（上）	P7
4	便民伞事件	《品德与社会》五年级（上）	P10
5	不守时的危害	《品德与社会》五年级（上）	P11
6	曾子杀猪	《品德与社会》五年级（上）	P12
7	社会中承诺与兑现	《品德与社会》五年级（上）	P14~15

资料来源：刘伟，傅维利. 我国思想品德教材中的诚信知行缺位及改进对策 [J]. 当代教育科学，2013（12）：58-60.

最后，小学诚信教育内容中诚信知行动力机制欠缺。除了小学诚信教育中的诚实教育素材和守信教育素材比例失衡这一问题之外，小学诚信教育内容中诚信知行动力机制的欠缺也是造成小学生诚信知识不完整的重要问题之一。所谓动力机制，是指个体在某种机制条件下，发挥自身的主观能动性，积极表现出某种行为的动力系统。由表 5-19 可以看出，在所列举的"人教"版小学《品德与社会》教材中九项诚信教育素材中，有六项诚信知行动力源为诚信认知，而仅有三项诚信知行动力源为情境和利益。这一结果反映出当前我国学校诚信教育仍然倾向于通过诚信教育素材来反映诚信认知对诚信行为的促进或制约效应，而并未对利益、情境等动力源充分的关注。也就是说，传统的以强调"内生"为主的诚信教育仍然在发挥着作用，即当前学校诚信教育仍然是寄希望于通过提高小学生内部的诚信认知来实现诚信知行水平的提高。

表 5-19　　"人教"版小学思想品德教材中暗含的诚信知行动力源表①

序号	内容介绍	内容来源	知行动力	备注
1	朋友失信时的心情	五年级（上）	诚信认知	P4-5
2	哪个更重要	五年级（上）	诚信认知	P8
3	人无信不立	五年级（上）	诚信认知	P9
4	没有诚信的后果	五年级（上）	诚信认知	P10-11
5	曾子杀猪	五年级（上）	诚信认知	P12
6	厂长砸冰箱	五年级（上）	诚信认知	P16
7	留学生国外找工作	五年级（上）	情境利益	P9
8	美国学生作业抄袭	五年级（上）	情境利益	P13
9	温州假鞋	五年级（上）	情境利益	P17

通过以上分析，我们不难发现，导致当前我国小学生诚信认知发展水平上还存在着一定欠缺和不足与当前我国学校诚信教育过程中教授的不充分的诚信知识是相关的，因而也就造成了小学生在实现诚信知行转换的过程中欠缺合理的诚信认知指导，也正因如此，在表象上看到的"高知低行"或"知而不行"实际上是由于"低知"或"不知"造成的。

二是"真"的诚信知行冲突问题。从上述研究结果来看，具有真的诚信知行冲突问题的学生包括以下四个特征：其一，不论是从全班诚信知行关系来判断，还是从具备诚信知行冲突问题来判断，其所占比例都非常小（大约在2%~14%之间）。这说明具有真正的诚信知行冲突的小学生数量还是相对较少的。其二，在诚信认知方面，具有真的诚信知行冲突的小学生已经具备了相对较高发展水平的诚信认知；反映在诚信观上，他们能够对诚信概念有较为清楚的认识，对诚信价值有较为正确的评价，以及对诚信行为的评定上也都能够有较良好的成绩。这就预示着他们的诚信认知已经为转换为相应的合理的诚信行为做

---

① 刘伟，傅维利. 我国思想品德教材中的诚信知行缺位及改进对策 [J]. 当代教育科学，2013 (12)：58-60.

好了准备。其三，在诚信行为方面，具有真的诚信知行冲突的小学生尚不能在诚信知行转换过程中频繁地表现出由诚信认知向诚信行为的合理转换，从具体的观察、访谈、情境实验等结果来看，这一"频繁"大致限定在20%以内，也就是说，当他们处在一定的诚信关系中时，他们在绝大多数情况下不能较好地实现由诚信认知向诚信行为的合理转换，而仅仅能在个别情况下实现诚信知行的积极一致地转换。其四，具有真正诚信知行冲突的小学生，能够清晰地认识到自己已经犯下的错误，并在诚信知行冲突问题发生后，出现消极的情绪体验，例如紧张、后悔、懊恼等。因此，这一群体基本符合本书研究关于诚信知行冲突的界定，那么由前述的研究假设来看，他们实际上有可能是在诚信认知发展水平相对较高的前提下，由于某些因素的影响而没有表现出相应的诚信行为，而他们又恰恰有可能在某一条件下实现诚信知行积极一致地转换。因此，本书研究将上述"假"的诚信知行冲突的相关数据再次剔除，在此基础上获得了真正有效的具有"高知低行"诚信知行冲突的典型被试共四人，其中诚实知行冲突典型被试2人，分别是11号学生和24号学生；守信知行冲突典型被试2人，分别是18号学生和46号学生。由此，本书研究下一步的工作就是要探究阻碍他们实现诚信知行积极一致地转换的各个因素，并深入探究是否在克服了这些因素之后，具有真的诚信知行冲突的小学生能够实现频繁的诚信知行的合理转换，从而为解答在诚信知行转换过程中是否存在关键节点等问题提供一定的理论依据。

第五章小结：

对小学生诚信知行冲突的识别，即通过对比小学生诚信认知与诚信行为之间的矛盾程度来判断小学生诚信知行冲突的水平。本章通过研究制定的赋分规则分别对小学生诚信观调查问卷和小学生日常诚信行为进行赋分，并将得到的原始分数进行Z分数转换。在此基础上，根据Z分数正、负号的特性，对比二者的符号：在诚信观发展水平上获得一个Z分数正值，而在诚信行为发展水平上却获得了一个Z分数负值的学生即是本书研究的对象。在进一步的分析中，本书研究又发现可以将诚信知行冲突划分为两类：一是"假"的诚信知行冲突问题，即具有高诚信认知发展水平的小学生表现出低水平的诚信行为仅仅是一种表象，这一表象误使我们认为小学生的诚信认知发展水平是"高"的，而其诚信行为发展水平是"低"的，因而存在着"高"与"低"的差距。二是"真"的诚信知行冲突问题。这一群体基本符合本书研究关于诚信知行冲突的界定，那么由前述的研究假设来看，他们实际上有可能是在诚信认知发展水平相对较高的前提下，由于某些因素的影响而没有表现出相应的诚信行为，而他们又恰恰有可能在某一条件下实现诚信知行积极一致地转换。因此，本书研究将上述"假"的诚信知行冲突的相关数据再次剔除，从而获得本书研究后续部分的研究对象。

第六章

基于个案研究的小学生诚信知行冲突转换节点分析

在本章，笔者采用观察法和访谈法，对影响诚信知行冲突典型被试的内外原因进行探究和分析，并在此基础上，对小学生诚信知行转换过程中是否存在转换节点以及如何识别这一转换节点进行学理分析。

一、探究小学生诚信知行转换节点的方法与过程

在本部分，笔者通过对四名诚信知行冲突典型被试的观察和访谈，来探究影响他们实现由"知"转"行"的内外原因。如前所述，观察法与访谈法是最为基本也最为重要的两种研究方法，是完成收集研究所需要的素材非常适宜的两种方法。同时，观察法与访谈法可以作为相互补充的收集资料的方法。但是，与第三章采用观察法和访谈法的目的不同，笔者在本部分中采用观察法的目的是抽取在相同情境下，具有诚实知行冲突的典型被试都未表现出与其诚实认知相应的诚信行为，和具有守信知行冲突的典型被试都未表现出与其守信认知相应的守信行为两类情况。这样可以有效地控制除个体诚信知行关系之外的其他无关变量的干扰，从而保证后续的访谈和小学生诚信知行转换节点的识别标准与分析的有效性。

在获得具有诚实知行冲突典型被试在相同情境下知行不一和具有守信知行冲突典型被试在相同情境下知行不一的观察数据之后，对他们分别进行访谈。为了确保访谈的信、效度，笔者分别编制了5个探究实现诚实知行一致原因的访谈题目和5个探究实现守信知行一致原因的访谈题目（访谈提纲见附录7：小学生诚实知行冲突访谈提纲和附8：小学生守信知行冲突访谈提纲）。这些题目旨在确

证小学生是否能清晰地认识到自己在真实的诚信交往情境中是否表现出了相应的诚信知行一致的行为、实现他们在真实的诚信交往情境中未表现出相应的诚信知行一致的影响因素，以及自己对自己诚信知行冲突的再认和反思等三个方面。

笔者对每名学生的一次访谈时间大致在 30 分钟左右。在每次进行完访谈之后，对数据进行分类整理、编码和分析。

原始数据是后续研究的基石，能够帮助研究者从中抽象中找出事物的本质。笔者通过对 2 名具有诚实知行冲突的典型被试和 2 名具有守信知行冲突的典型被试的观察和访谈，获得了大量的原始数据。这是笔者进行小学生诚信知行冲突转换节点识别的依据来源。

（一）对典型被试的日常诚信交往再观察

对典型被试的日常诚信交往的重新观察，旨在对典型被试处在相同情境中时都未表现出诚信知行积极一致的影响因素进行探究。通过约两周的观察，笔者发现了具有诚实知行冲突的典型被试两次处在相同情境中时都未表现出诚信知行一致的情况：一是在领取班主任每天下午放学前发放的奖励卡时都出现了不诚实行为；二是在同伴表现出错误行为时没有真实地指出他们所犯的错误。同时，笔者发现了具有守信知行冲突的典型被试两次处在相同情境中时都未表现出诚信知行一致的情况：一是没有按照约定把老师规定带来的物品带到学校；二是没有按时参加班级活动。

（二）根据观察结果对典型被试进行深入访谈

通过再观察，笔者获得了两名具有诚实知行冲突的典型被试和两名具有守信知行冲突的典型被试分别在相同情境中时都未表现出诚信知行一致的情况，在此基础上，笔者根据本书研究的目标设定访谈提纲，对这些典型被试在这两次情境中的所思、所虑进行了深入的访谈，一次访谈时间大致在 30 分钟左右，并对每次访谈进行录音。在访谈结束后，将录音内容转录为文字资料。笔者对 4 名典型被试多次访谈记录中的例子放在附录中，详见附录 9~附录 12。

（三）整理并对原始数据进行编码

笔者将访谈录音整理成文字资料，并对每一名典型被试进行编号，从而建立一套完整的编号系统。其中，包括受访者（编号形式）、性别、民族、年龄、文化程度等典型被试的个人基本信息，访谈者、访谈时间、访谈地点等访谈基本信息，以及由对话形式构成的访谈内容题录信息。

"登录是资料分析中最基本的一项工作,是一个将收集的资料打散,赋予概念和意义,然后再以新的方式重新组合在一起的操作人经过程"。① 也就是说,登录实际上是对原始数据具有的意义的探寻过程。

经过深入剖析原始数据,笔者着重对如下四个方面的内容进行登录:

其一,能够较为直接体现学生对个人是否能够直面存在诚信知行冲突问题的词语和句子,如"这个……这个……老师你知道啊!""我觉得反正别人也不会知道,又能得到礼物,我觉得值得。""当然,惹老师不高兴,他就会告诉我爸爸妈妈,他们又会批评我,多烦啊!""当场指出他的错误多不给他面子呀,万一他要是不跟我玩了怎么办?""我就是觉得他是我朋友,然后我怕他因为这件事记仇,不跟我玩了。要是他不跟我玩了,其他几个小朋友也可能会不带我玩了。""因为大家都积极举手报名,我不能落后。反正他们肯定有人能带来。""就是贪玩把时间给忘记了。""唉,太后悔了。让老师知道就麻烦了。"等。

其二,能够较为直接体现学生在发生诚信知行冲突时对个人诚信认知和诚信行为监控的元认知的词语和句子,如"不过幸好老师那天也没有很早进班,所以就没有发现我迟到没值日的事。""我觉得为了兑换礼物,那样做也没有什么不对,反正我觉得反正别人也不会知道,又能得到礼物,我觉得值得。""做题是做题啊,如果不那样写,万一让老师知道了,他肯定会批评我的!""惹老师不高兴,他就会告诉我爸爸妈妈,他们又会批评我,多烦啊!""要是他不跟我玩了,其他几个小朋友也可能会不带我玩了。""我本来是想去帮忙的,可是我那几个朋友都没有去,我怕他们再觉得我是想出风头,就没有去。""肯定不能说啊,告诉老师这事不就等于告诉他我也参与了,我希望我在老师眼里一直是好学生的形象。"等。

其三,能够较为直接体现学生在发生诚信知行冲突时的个人情绪或情感体验的词语和句子,如"其实我也很纠结,挺着急的!""很紧张,手心里全是汗,特别紧张。""就是心跳加速,害怕别人告诉老师,所以我就一直往周围看,但是发现大家好像都不知道这件事,我就放心了。""很懊恼""很紧张,赶紧往学校跑,然后边跑边想怎么跟老师说啊,""我越想越紧张啊。""太后悔了。""好着急啊,埋怨自己怎么给忘记了呢。"等。

其四,能够较为直接体现学生解决(或希望解决)诚信知行冲突的词语和句子,如"肯定不会啊,那不是往枪口上撞吗?""可能如果老师在场,点名让我说,我可能会说。""如果另外一个我们中的×××先说,我也可能会说。""如果让我负责,我就是没干,我也不会说谎的。""单独找,×××可能就不会猜到

---

① 陈向明. 质的研究方法与社会科学研究 [M]. 北京:教育科学出版社,2000:279.

是我说的,这样我就敢说了。""如果有人提醒,肯定不会迟到的。"等。

以上四个部分体现了4名具有诚信知行冲突和守信知行冲突的典型被试在遭遇诚信知行冲突和守信知行冲突问题情境时的生理、心理等多个方面的真实反应,也相应地产生了七个编码。以下是各个编码的操作性定义。

诚实编码1:诚实知行冲突是指学生在面对真实的诚实交往环境中,其诚实认知与诚实行为由于某些原因的影响而没有实现积极一致时产生的内心道德冲突体验。

诚实编码2:诚实知行积极一致的外部监督是指学生由于感知到教师、同学或者他人是否在场而决定如何践行诚实的行为规则。

诚实编码3:诚实知行积极一致的内部监控是指学生依靠自身具备的有关诚实的元认知来调节自己如何践行诚实的行为规则。

诚实编码4:诚实的利己取向是指学生在考虑是否践行诚实时,以自身利益是否得到满足或者是否受损作为标准的价值取向。

诚实编码5:诚实的利他取向是指学生在考虑是否践行诚实时,以他人或集体的利益是否得到满足或者是否受损作为标准的价值取向。

诚实编码6:诚实人际关系是指学生处在真实的诚实交往环境中时,考虑到他人与自己的关系来决定是否践行诚实。

诚实编码7:诚实知行冲突伴随的消极情绪体验是指学生在考虑是否违背诚实准则以及在做出违背诚实准则的行为之后所体验到的紧张、内疚和后悔等不良情绪体验。

守信编码1:守信知行冲突是指学生在面对真实的守信交往环境中,其守信认知与守信行为由于某些原因的影响而没有实现积极一致时产生的内心道德冲突体验。

守信编码2:守信知行积极一致的外部监督是指学生由于感知到教师、同学或者他人是否在场而决定如何践行守信的行为规则。

守信编码3:守信知行积极一致的内部监控是指学生依靠自身具备的有关守信的元认知来调节自己如何践行守信的行为规则。

守信编码4:守信的利己取向是指学生在考虑是否践行守信时,以自身利益是否得到满足或者是否受损作为标准的价值取向。

守信编码5:守信的利他取向是指学生在考虑是否践行守信时,以他人或集体的利益是否得到满足或者是否受损作为标准的价值取向。

守信编码6:守信人际关系是指学生处在真实的守信交往环境中时,考虑到他人与自己的关系来决定是否践行守信。

守信编码7:守信知行冲突伴随的消极情绪体验是指学生在考虑是否违背守

信准则以及在做出违背守信准则的行为之后所体验到的紧张、内疚和后悔等不良情绪体验。

(四) 对编码后的数据进行探究式分析

观察法和访谈法是田野研究中的两种重要研究方法，故此也就要求研究者在研究过程中和对研究过程中获得的原始数据的分析时"不但要把所研究的对象看成身外之物，而且还要能利用自己是人这一特点，设身处地地去了解这个被研究的对象"，[1] 同时，研究者要"忘记我"，"这里的'我'是'自己'，但不单指个人，而指人生活在其中的'自己的文化'"，[2] 因此，笔者对编码后的数据进行的分析尽量避免把主观经验和价值等从属于个人的特征强加到被研究者身上，造成对被研究者的污染，从而影响本书研究的真实性。

通过分析编码后的数据的类属关系，即"资料分析中的一个意义单位，代表的是资料呈现的一个观战或一个主题"，[3] 笔者建立起4个类属。每个类属名称及其所包含的编码见表6－1 实现诚实知行积极一致编码的类属与编码对应表和表6－2 实现守信知行积极一致编码的类属与编码对应表。

表6－1　　　　实现诚实知行积极一致编码的类属与编码

类属	编码
诚实知行冲突	诚实编码1
诚实的内外调控因素	诚实编码2；诚实编码3
诚实行为目的取向因素	诚实编码4；诚实编码5
其他因素	诚实编码6；诚实编码7

表6－2　　　　实现守信知行积极一致编码的类属与编码

类属	编码
守信知行冲突	守信编码1
守信的内外调控因素	守信编码2；守信编码3
守信行为目的取向因素	守信编码4；守信编码5
其他因素	守信编码6；守信编码7

---

[1] 费孝通. 学术自述与反思 [M]. 北京：三联书店，1997：328.
[2] 王铭铭. 人类学是什么 [M]. 北京：北京大学出版社，2006：55.
[3] 陈向明. 质的研究方法与社会科学研究 [M]. 北京：教育科学出版社，2000：290.

据此，在明确了编码与类属之间的关系后，也就更加明晰了实现小学生在诚信交往情境中实现诚信知行积极一致的内外因素了。

二、对影响典型被试实现诚信知行积极一致转换因素的再分析

在上述调查和分析结果的基础上，笔者尝试通过帮助具有诚信知行冲突的典型被试在内外调控因素、行为目的取向因素和人际关系因素等方面的发展和提高，包括对真实的诚信交往环境的评估，教师或同学在场与否对自己行为决策的影响，他们与父母、教师或同学（或朋友）的关系，以及这些关系对于个人行为决策的影响等内容，促使典型被试在真实的诚信交往环境中正视现实的诚信问题，并且积极鼓励他们去应对这些问题，克服这些因素对他们作出符合诚信知行积极一致的干扰，从而真实地表现出与其诚信认知发展水平相一致的诚信行为。

（一）对内外调控因素的再分析

诚信的内外调控因素反映出学生在诚信知行转换的过程中受到何种强制性条件的约束，实现诚信知行积极一致地转换。诚信的内外调控包括外部监督和内部监控两个方面。

外部监督主要是指外在于学生本人而存在的强制性条件，以及强制性条件对其诚信知行转换的影响，如教师、父母、同伴等都属于外部监督。其中，教师和同伴是小学生在校日常生活中最为重要的外部监督，也是笔者所能较为全面地观察到的外部监督，故在此着重讨论这两种外部监督机制。教师和同伴作为重要的外部监督机制具有三种基本功能：第一，证据功能。教师和同伴的在场，是小学生是否能够遵守诚信的一种证据，例如小学生在考试过程中作弊，并被教师发现，那么教师这一外部监督机制就是这一小学生在考试过程中作弊的证据。如果没有明显的证据，我们就很难对小学生是否存在诚信知行冲突问题做出明确的回答。第二，惩罚功能。教师和同伴对于出现诚信知行冲突的学生，常常会伴有一定的惩罚，比如对于在考试过程中作弊的小学生，教师会口头警告，甚至取消他继续考试的资格；而在同伴间做游戏的过程中，对于存在不诚信行为的小学生，其他同伴也常常会采取拒绝继续与他游戏的方式进行惩罚。第三，引导功能。当教师和同伴发现某学生出现诚信知行冲突时，除了上述的惩罚之外，还可能采取引导的方式——通常包括劝诫或告之其应该如何正确行事等——促进小学生纠正自己的诚信知行冲突。需要注意的是，教师和同伴在发挥上述功能时所依靠的保障力量是不同的：教师通过自身的权威身份来保障上述功能的发挥；同伴则通过

群体接纳或认同来保障上述功能的发挥。这就决定了在不同情境下，教师和同伴在作为外部监督时的作用方式和最终可能达到的效果存在差异。

与外部监督相对应的是内部监控，这主要是指通过学生本人内在的强制性条件，对其诚信知行转换产生直接的影响，如自律性、自我控制能力等都属于内部监控。与教师、同伴等外部监督"自然地"存在着不同，小学生的内部监控具有从无到有、从不完善向逐渐完善的发展过程，例如，有研究表明，3~4年级小学生的自我控制能力并没有显著提高；同时，不同性别之间的自我控制能力也存在显著性差异，女性小学生的自我控制能力高于男性小学生的自我控制能力。[①]同时，小学生的自律性、自我控制能力的发展集中反映在其元认知发展水平上。美国心理学家约翰·弗拉维尔于20世纪70年代提出了"元认知"的概念，用来表示主体对其自身认知活动的认知。其中主要包括对自我认知能力的认知和对当前正发生着的认知过程的认知，以及对这二者相互作用的认知。[②] 也就是说，元认知实质上是对认知过程的积极的调节和监测，它能够影响到个体认知风格、学习策略以及认知结果反思等各个方面。对于小学生由诚信认知向诚信行为的转换过程来说，当小学生的元认知处在较低发展水平时，其不会积极地、自觉地对自己的诚信认知进行再认知的监控，从而不能保障其所具备的较高发展水平的诚信认知向相应的诚信行为的合理转换；反之，当小学生的元认知处在较高发展水平时，他会积极地、自觉地对自己的诚信认知进行再认知的监控，例如，当其处在一定的诚信交往关系并且需要决定自己应该如何践行时，其可能会提出下列问题，"在这次诚信事件中，我为什么要如此行为？""在之前的经历中，我是如何处理类似的事件？""在当前情况下，我为什么会这样做（或我为什么不会这样做）？"等等。可以发现，元认知的发展水平对于小学生是否能够更加自觉地、持久地按照自身诚信认知的指导向与之相应的诚信行为的合理转换具有重要意义。

从前述研究以及访谈结果来看，具有诚信知行冲突的典型被试在内外调控因素方面具有这样一个特点，即典型被试主要依赖于外部监督的存在才能促使其实现诚信知行的转换，而其内部监控虽然有了一定的发展，但是由于行为指向性过于狭隘，因此内部监控的整体水平尚有待提高。例如：

访谈者：嗯。那在学校呢？

[①] 高晶，马艳萍. 3~4年级小学生的独立性和自我控制关系的研究 [J]. 沙洋师范高等专科学校学报，2008 (6)：86-89.

[②] J. H. Flavell. Metacognition and cognitive monitoring: A new area of cognitive - developmental inquiry [J]. American Psychologist, 1979, 34 (10): 906-911.

受访者：在学校也是，老师就是教育我们一定要做一个诚实的、不说谎的学生，这样才是好学生。班里如果有人说谎，让老师知道了，老师就会批评他，扣他的"奖励卡"。我觉得那样挺丢人，所以我就说实话。老师问我什么，我就说什么，反正只要不惹老师生气就行。

访谈者：也就是说，你平时对人诚实都是为了让爸爸、妈妈或者老师开心或者不惩罚你吗？

受访者：差不多，也不全是。对于我的好朋友，比如×××、×××，我们几个也是无话不说的，因为我们是好朋友啊，好朋友是不能有事瞒着对方的。所以跟他们在一起的时候，我都是诚实的。

又如：

访谈者：那你觉得如果当时存在什么情况，或者不存在什么情况，你认为自己会遵守承诺，把×××带来呢？为什么？

受访者：我觉得如果有人时刻提醒我，就好了，我肯定就不会忘记了。

访谈者：除了依靠别人提醒，还有吗？

受访者：没有了吧。

访谈者：为什么不依靠自己呢？

受访者：如果我自己能记住，就不会忘记带了呀。

上述引例表明，当外部监督明显存在时，小学生有可能实现由诚信认知向诚信行为的合理转换，而一旦外部监督不存在时（或者小学生本人不能明确察觉外部监督存在着时），他有可能表现出诚信知行冲突。例如随堂测验的时候，老师暂时离开，有的学生就有可能会作弊。

由此来看外部监督与内部监控的关系不难发现，一方面，外部监督与内部监控是互补的。外部监督的存在可以有效地阻止小学生违反诚信品德，从而时刻提醒自己应该遵守诚信品德；但是，外部监督自身并不完善，它可能会存在"盲区"，从而造成在一段时间内对学生的某些诚信知行转换无法监督；另外一种情况是，即使外部监督一直存在，但是个体的侥幸心理会"安慰"自己——小学生通过"可能不会被发现"或者"自己忘事"之类的暗示性语言，逃避由诚信认知向诚信行为合理转换的必然选择。这就使得内部监控应该发挥相应的再认知监控功能，及时审查自己是否遵守了诚信品德。另一方面，内部监控是外部监督发展的更高水平。正如皮亚杰的研究揭示的，人的品德发展和养成存在着由他律道德向自律道德的发展过程：从幼儿期开始，个体会通过外界强制力的影响习得一些习俗、规范和道德，而随着年龄逐渐增长，个体会将这些内容逐渐内化到自己的道德体系之内，并形成某种内部监控约束自己，从而不论外部监督是否明显存在，个体都会较为自觉地要求自己遵守品德规范。总体而言，笔者认为可以将外部监督与内部监控置于一个以外部监督→内部监控为发展主导方向的标尺中，从而表征小学生诚信知行转换发展水平的标准。

（二）对行为目的取向因素的再分析

诚信行为目的取向因素是指学生在诚信知行转换的过程中对自身和他人利益的考虑，以及受这种考虑的影响而对自己行为选择的影响。一般而言，诚信行为目的取向包括两种：一种是利己的目的取向，一种是利他的目的取向。

利己的目的取向使学生在诚信知行转换的过程中主要受个人得失、利害的影响，从而有可能无法实现诚信知行积极一致地转换。这其中又包括两种情况：其一，当外在诱因能够给予小学生较大的既得利益，或者能够避免个人利益受损时，小学生较有可能出现诚信知行冲突；其二，当外在诱因与小学生个人的得失、利害不存在直接或间接地关系时，小学生较有可能出现诚信知行冲突。通常情况下，教育者将这两种情况归结为小学生的自私自利、做事只考虑自己的利益而不考虑他人的具体表现。当然，这是不可否认的重要因素。但是，笔者认为这样的"标签"未免忽略了小学阶段儿童的心理发展特征——自我中心化。皮亚杰发现并提出了儿童心理的"自我中心化"或称"自我中心主义"，用以说明儿童思维的、言语的、社会性的、道德的等各个方面的一种不自觉的和内在的立场。具体而言，"自我中心化"是指儿童尚不能把自我与外界区分开，因而其对事物、自身和他人进行的判断处在客观地认识之前的某种综合认识立场。它使儿童感知到一种主客体不分的世界，并使儿童在认知和适应外部世界时总是不自觉地指向于个人的言行、观点、思维和推理。皮亚杰进一步指出，儿童心理发展的实质就可以理解为自我中心化与去自我中心化的交互作用，并最终去自我中心化战胜自我中心化的过程。由此反观，小学生在诚信知行转换过程中倾向于利己的目的取向既是其心理发展的某一阶段的必然结果，同样也具有一定的可发展性。

利他的目的取向使学生在诚信知行转换的过程中更多地考虑他人或集体的得失、利害，从而有可能促使学生实现诚信知行积极一致地转换。从本书研究对诚信的界定来看，它的外延内含着当个体与他人、社会交往时，践行诚信品德能够有利于他人、社会，例如创建一个良好的人际交往环境和生活环境、促进一个团体的良性发展等。小学生在诚信知行转换过程中能够选择利他的目的取向，至少受到以下三个方面因素的影响：其一，移情发展水平。所谓移情，就是指个体能够设身处地地理解和分享他人情绪情感状态的能力。有研究表明,移情在整个小学阶段处在不断地发展过程中,不仅在量上不断地提高,而且在质上也逐渐趋向于感知到他人内部心理感受上去。① 具有较高移情发展水平的小学生,能够将自己体会到的由于他人的不诚信行为对自己造成的心理上的伤害迁移过来,从而认识到自己的不诚信行为可能会对他人造成心理上的伤害,并因此避免自己的诚信知行冲突。其二,社会观点采择能力的发展水平。社会观点采择"是指儿童采取他人的观点来理解他人的思想与情感的一种必需的认知技能"。② 库姆恩(Kumrn)等③的研究发现观点采择能力直接影响着利他行为的表现。具有较高社会观点采择能力发展水平的小学生,能够意识到别人有不同的理解和观点,并且能够从他人的角度来看待两个人的相互作用,并能同时考虑自己与他人的观点,这就使得小学生由诚信认知向诚信行为的转换过程中,更加理解他人。其三,利他道德推理的发展水平。道德推理是有关考量人的观念和行为正当性的道德认知活动。艾森伯格的相关研究表明,④ 小学生对利他行为的道德推理具有阶段性和发展性,而它的发展又与前述的移情、社会观点采择能力的发展水平密切。具有较高利他道德推理发展水平的小学生,能够较为合理地推断出自己是否践行诚信品德对他人可能造成的结果以及行为的正当性。以上三个因素都表明利他的目的取向要求对其小学生诚信知行转换的结果对他人可能造成的影响。

从前述研究以及访谈结果来看,具有诚信知行冲突的典型被试在诚信行为目取向因素方面具有这样一个特点,即典型被试在诚信知行转换过程中更多地考虑了个人得失、利害而忽视了考虑他人或集体的得失、利害,从而造成了诚信知行冲突,例如:

受访者:那天中午,×××找我,说自己的语文作业没有做,要抄我的。然后他说,只要我给他抄,他那本《×××》就借我一周。我可是想那本漫画想了好久了,可是我爸妈就是不给我买。我想,反正抄就抄呗,我也没有损失,还能看到漫画书,就给他了。

访谈者:那你觉得给他抄作业对不对呢?

受访者:当然不对啦!

---

① 苏金连. 小学儿童的移情特点研究 [D]. 吉林:东北师范大学,2010.
② 林崇德. 发展心理学 [M]. 北京:人民教育出版社,1995:317.
③ Kumrn, Asiye. Prosocial behavior within the family context and its correlates among Turkish early adolescents [D]. America:The University of Nebraska, 2002.
④ Nancy Eisenberg – berg. The development of Children's Prosocial Moral Judgement [J]. Developmental Psychology, 1979, 15 (2):128 – 137.

访谈者：那为什么还给他抄呢？

受访者：其实他很厉害的，不给他抄，说不定会揍我。而且他还肯借我漫画书，我觉得挺值得。

访谈者：那班会的时候，老师问有没有人抄作业，你为什么没有告诉老师呢？

受访者：肯定不能说啊，告诉老师这事不就等于告诉他我也参与了，我希望我在老师眼里一直是好学生的形象。

又如：

访谈者：那你为什么没有按照约定把×××带来呢？

受访者：我家是有，但是那是我爸爸的，平时连我都不让碰，更别说带到学校里了。让他知道了，非打我一顿不可。

访谈者：你怕你爸爸打你，所以没有带来，是吗？

受访者：对呀。

访谈者：那你当时为什么要举手报名呢？

受访者：不是说了吗？因为大家都积极举手报名，我不能落后。反正他们肯定有人能带来。

上述引例表明，当小学生仅从利己的目的取向出发，考虑遵守诚信品德可能给自己带来不利和损失，那么其极有可能在由诚信认知向诚信行为的转换过程中表现出不一致；反之，当小学生能够从利他的目的取向出发，考虑到自己的行为可能给他人或集体带来不利和损失，那么其就有可能实现由诚信认知向诚信行为的合理转换。

由此来看利己的目的取向与利他的目的取向的关系就不难发现，一方面，利己的目的取向与利他的目的取向二者之间是矛盾关系。一般情况下，当小学生处在某一特定情境中时，只会在两者中倾向于其中一种目的取向；同时可以发现，不同诚信行为目的取向会直接影响小学生是否出现诚信知行冲突问题。另一方面，利己的目的取向与利他的目的取向之间的矛盾关系又不必然意味着实现诚信知行积极一致地转换就是要完全牺牲个人的利益，而是指明应该促使个体杜绝因为过分自私的个人利益而对诚信品德的侵蚀。柯莱波斯（Krebs）等人的研究表明，[①] 利己的目的取向和利他的目的取向实际上可以视为一个行为的连续体，即连续体的一端是最大限度地增加利己的行为朝向，而连续体的另一端则是最大限

[①] Krebs D, Hesteren F V. The Development of Aitruism: Toward an Intergrative Model [J]. Development Review, 1994, 14 (2): 103-158.

度地增加利他的行为朝向。在这个连续体中，对利他行为的测量由两个标准来决定：一是行为的方向性是直接朝向最大限度地增加利他行为的一端而背离最大限度地增加利己行为的一端；二是在行为包含的利益总量中，利他行为要多于利己行为。由此就可以判断个体的行为究竟是利己的目的取向不是利他的目的取向。也就是说，实现诚信知行积极一致地转换要求学生在诚信知行转换的过程中更多的以利他的目的取向来考虑自己的行为，而更少的（甚至不以）以利己的目的取向来考虑自己的行为。据此，笔者认为可以将利己的目的取向与利他的目的取向置于一个以利己的目的取向→利他的目的取向为发展主导方向的标尺中，从而表征小学生诚信知行转换发展水平的标准。

（三）对人际关系因素的再分析

人际关系因素是指学生在诚信知行转换过程中根据交往对象亲疏关系及其影响程度而对自己行为选择的影响。人际关系因素对小学生诚信知行转换的影响主要包括以下两种情况：一是学生受交往对象亲疏关系的影响没有实现诚信知行积极一致地转换，二是学生不受交往对象亲疏关系的影响实现了诚信知行积极一致地转换。其中，学生受交往对象亲疏关系的影响没有实现诚信知行积极一致地转换的情况是诚信知行冲突问题的突出表现，故在此着重分析。

一般而言，作为生存于某一社会中的个体，总是植根于社会中的特定人际关系之中。就其是否践行道德（甚至个人的道德决策）而言，也往往取决于某一特定情境中的人际关系网络结构。而正如道德人际关系规则理论所言，在同一道德情境中往往存在着多种人际关系的组合，并且这些人际关系组合中又会存在着冲突和矛盾。这就对个体产生了需要在其中做出某种选择。因此，个体的道德人际关系中存在着等级排序的模式，它促使个体根据交往对象与自己的亲密程度和权威性等标准，做出是否践行道德行为和对谁践行道德行为的决策。[①] 因此不难发现，虽然诚信本身就是一种人与人之间的关系，它却并非是一种独立自在的关系，而是植根于其他人际关系之中的一种特殊的社会关系，例如子女与父母之间的诚信关系植根于亲子关系之中，学生与教师之间的诚信关系植根于师生关系之中，等等。同时，当个体处在多种人际关系的组合中时，其就必须要做出对谁践行诚信品德的决策，例如，小学生可能会面对是陪同好朋友出校买东西从而有可能无法按时参与班级活动，还是拒绝好朋友的请求而准时参与班级活动的两难选

---

① Rai T S, Fiske A P. Moral psychology is relationship regulation: Moral motives for unity, hierarchy, equality, and proportionality [J]. Psychological Review, 2011, 118 (1): 57–75.

择问题,即是体现了人际关系因素对其如何实现诚信知行积极一致转换的影响。

因此,需要对小学生人际关系的发展性特点准确把握。在学校情境中,一方面,随着小学生年龄的增长,教师的权威地位逐渐弱化。有研究表明,"随着学生认识能力的提高,学生对教师的角色有了更清晰的认识与理解,教师从低年级类似父母的角色到高年级逐渐向老师、朋友的关系转化;从低年级的绝对权威地位,向高年级的相对权威地位转化。"[1] 另一方面,随着小学生年龄的增长,同伴关系对于小学生具有越来越重要的影响。相关研究表明,"3~6年级小学生的同伴交往保持了较高的水平",并且小学生与教师的关系呈下降趋势,"'不一定都听老师的话'随着年级增高而逐步加强"。另外,在小学中高年级阶段,小学生与父母之间的关系也呈现出下降趋势。[2] 这些研究结果反映出了当小学生面对上述两难选择问题时可能做出的决策。

从前述研究以及访谈结果来看,具有诚信知行冲突的典型被试在人际关系因素方面具有这样一个特点,即典型被试在诚信知行转换过程中更多地受那些在等级排序上与自己更加紧密的或更加具有权威性的交往对象的影响,例如:

访谈者:你在做诚信观问卷时,认为×××(利益预期题目选项)是正确的,但是为什么在这次兑换礼物的情况下,你没有能够表现出诚实行为呢?

受访者:嗯,做题是做题啊,如果不那样写,万一让老师知道了,他肯定会批评我的!

访谈者:你怕老师批评你吗?

受访者:是啊!

访谈者:老师批评是一件很严重的事情吗?

受访者:当然,惹老师不高兴,他就会告诉我爸爸妈妈,他们又会批评我,多烦啊!

又如:

访谈者:你认为自己当时这样做是对的吗?为什么?

受访者:唉,当时大家都积极举手,我也得积极表现啊,我得做个好学生啊。

访谈者:那你为什么没有按照约定把×××带来呢?

受访者:我家是有,但是那是我爸爸的,平时连我都不让碰,更别说带到学

---

[1] 王阳. 小学生视野中教师权威的变化 [D]. 济南:山东师范大学,2013.
[2] 董莉,沃建中. 3~6年级小学生人际交往发展特点的研究 [J]. 中国临床心理学杂志,2005 (1):45-47.

校里了。让他知道了，非打我一顿不可。

  访谈者：你怕你爸爸打你，所以没有带来，是吗？

  受访者：对呀。

  访谈者：那你当时为什么要举手报名呢？

  上述引例表明，当小学生从交往对象的亲疏关系考虑是否诚信知行转换问题时，他较有可能会由于主要考虑关系更为紧密的交往对象的想法或感受，从而出现诚信知行冲突问题。相反，当其能够抵制这种亲疏关系的影响，以诚信品德本身以及其行为后果可能给他人带来的不利影响时，则较有可能实现诚信知行积极一致地转换。

  由此来看上述两种情况的关系就不难发现，当小学生在由诚信认知向诚信知行转换过程中，由于受交往对象亲疏关系的影响没有实现诚信知行积极一致地转换，出现了诚信知行冲突的问题；相反，当小学生在由诚信认知向诚信行为转换过程中，不受交往对象亲疏关系的影响实现了诚信知行积极一致地转换，就可以有效地避免诚信知行冲突问题的产生。也就是说，不受交往对象亲疏关系的影响从而实现诚信知行积极一致地转换，是比由于受交往对象亲疏关系的影响没有实现诚信知行积极一致地转换更加符合诚信品德和教育者期望的。因此，笔者认为同样可以将上述两种情况置于一个以受交往对象亲疏关系的影响没有实现诚信知行积极一致地转换→不受交往对象亲疏关系的影响实现了诚信知行积极一致地转换为发展主导方向的标尺中，从而表征小学生诚信知行转换发展水平的标准。

三、小学生诚信知行冲突转换节点的识别

（一）小学生诚信知行转换过程中的要素及其关系

  本书研究认为，小学生诚信知行转换是一个与真实的诚信交往环境、现实的诚信问题、学生既有的诚信认知发展水平以及即将出现（或不出现）的诚信行为等四个要素密切相关的过程。上述实现诚信知行积极一致转换的各因素也是在这一过程中发挥作用或产生影响，因此有必要将这些因素重新置入由这四个要素构成的诚信知行转换过程中，加以说明。具体而言，它们之间存在四种关系。

  第一种关系：在真实的诚信交往环境中，学生既有的诚信认知发展水平不足以解决现实的诚信问题，从而造成学生无法合理地应对或解决现实的诚信问题，因此无法出现适当的诚信行为。在这种关系中，学生的诚信认知和诚信行为之间是中断的，不存在着对应关系，因而也就不存在上述实现诚信知行积极一致转换

的因素的影响。

第二种关系：在真实的诚信交往环境中，学生既有的诚信认知发展水平倾向于能够解决现实的诚信问题，但是由于学生对真实的诚信交往环境中某些因素的考虑，从而无法解决现实的诚信问题，并因此在内心中产生了道德冲突和消极情绪体验。由于学生没有能够解决这一道德冲突和消极情绪体验，因此无法出现适当的诚信行为。在这种关系中，学生的诚信认知和诚信行为之间仍然是中断的，不存在着对应关系，因而同样不存在上述实现诚信知行积极一致转换的因素的影响。

第三种关系：在真实的诚信交往环境中，学生既有的诚信认知发展水平倾向于能够解决现实的诚信问题，但是由于学生对真实的诚信交往环境中某些因素的考虑，从而没有正确解决现实的诚信问题，并因此在内心中产生了道德冲突和消极情绪体验。而当这种情况发生时，由于获得了来自外界的引导、帮助或支持，如家长、教师、同学或朋友的引导、帮助或支持，学生消除了对真实的诚信交往环境中某些因素的考虑，从而使得道德冲突解决和消极情绪体验消除，相应的诚信行为出现。在这种关系中，学生的诚信认知和诚信行为之间虽然也出现了"中断"，但是由于得到了及时的、适当的引导、帮助或支持，使得诚信认知和诚信行为之间恢复了联系并形成了积极一致的对应关系。在这种关系中可以看出，小学生的诚信知行之间的中断极有可能是由于上述实现诚信知行积极一致转换的因素中在笔者规定的标尺中处在较低发展水平一端的因素造成的。

第四种关系：在真实的诚信交往环境中，学生既有的诚信认知发展水平能够完全支持解决诚信问题，并使得学生能够出现与之相一致的诚信行为。在这种关系中，学生的诚信认知和诚信行为之间是紧密联系的，积极一致的对应关系。这种关系恰恰反映出小学生诚信知行积极一致地转换可能是由于上述影响因素中在笔者规定的标尺中处在较高发展水平一端的因素造成的。

在上述的四种关系中，第一种和第二种关系是诚信教育最不理想的状态，从本书研究前述内容来看，存在着相当一部分学生的诚信知行转换过程是处在这两种关系中。这是我们不愿意看到的却又必须正视的问题。第四种关系是诚信教育最理想的状态，从本书研究前述内容来看，也存在着一部分学生的诚信知行转换过程处在这种关系之中。这在一定程度上表明了当前我国学校诚信教育也取得了一定的实效性。

事实上，不论是对于本书研究的主要问题，还是对于学校诚信教育的实践来说，第三种关系都是最具教育价值的，同时也是最有利于学生道德成长的。首先，正如前述对存在诚信知行冲突典型被试的访谈和分析中，正是由于小学生仍然主要受到处在笔者规定的标尺中处在较低发展水平一端的因素的影响，才产生了诚信知行冲突问题。这正是在第三种关系诚信知行转换过程"中断"所表征出来的。更为重要的是，在第三种关系中，出现诚信知行冲突问题的小学生由于获得了来自外界的引导、帮助或支持，其的诚信知行冲突问题得以解决，从而实现了由诚信认知向诚信行为积极一致地转换。这恰恰说明在第三种关系中蕴含着某个能够促进小学生诚信知行冲突转换的关键节点，从而促使小学生由现有的诚信知行冲突向潜在的诚信知行积极一致的发展趋势。

（二）小学生诚信知行转换节点的识别

当小学生具备了较高发展水平的诚信认知，并且在真实的诚信交往环境中时能够倾向于能够解决现实的诚信问题时，通常情况下，会表征为其能够较为清晰地认识到自己应该按照其诚信认知的指导向与之相应的诚信行为转换。但是，由于前文提出的三种因素的影响，小学生并没有依据自己的这种认识实现由诚信认知向诚信行为积极一致地转换，从而造成了诚信知行冲突问题。

正如前文所提出的，具有诚信知行冲突的典型被试在自己清晰的诚信认识与三种因素的影响选择之间存在三个特点：其一，典型被试主要依赖于外部监督的存在才能促使其实现诚信知行的转换，而其内部监控虽然有了一定的发展，但是由于行为指向性过于狭隘，因此内部监控的整体水平尚有待提高。其二，典型被试在诚信知行转换过程中更多地考虑了个人得失、利害而忽视了考虑他人或集体的得失、利害，从而造成了诚信知行冲突。其三，典型被试在诚信知行转换过程中更多地受那些在等级排序上与自己更加紧密的或更加具有权威性的交往对象的影响。可以看出，在外部监督→内部监控、利己的目的取向→利他的目的取向以及受交往对象亲疏关系的影响没有实现诚信知行积极一致地转换→不受交往对象亲疏关系的影响实现了诚信知行积极一致地转换三组标尺中，具有诚信知行冲突的小学生往往倾向于受到标尺前端因素的影响，从而没有实现诚信知行积极一致地转换。也就是说，三组标尺中前端的因素一般会对小学生正确的诚信认知造成某种干扰，阻碍了诚信知行积极一致地转换；三组标尺中后端的因素则往往会对小学生正确的诚信认知发挥积极地支持作用，从而协助小学生实现诚信知行积极一致地转换。

但是，笔者在实际观察以及对典型被试的访谈中发现，当他们完全表征出诚信知行冲突问题之前，即已经由于受到上述标尺中前端因素的影响而表现出与其诚信认知不相应的诚信行为之前，某些外力因素的介入，能够引导或支持小学生继续按照自己所清晰认识到的诚信认知转换为相应的诚信行为，从而避免诚信知行冲突问题的出现,并实现由诚信认知向诚信行为积极一致地转换。因此,笔者认为,对于具备较高诚信认知发展水平的小学生,当其处在真实的诚信交往环境中面临现实的诚信问题时,在受到上述标尺前端因素的影响将要做出非诚信行为的决策或已经做出非诚信行为的决策但并未实际践行出来时,表征着诚信知行冲突转换节点的出现。

在此,笔者认为还应该注意小学生诚信知行冲突转换节点具有的以下三个重要特征。

第一,小学生诚信知行冲突转换节点的相对恒定性。小学生诚信知行冲突转换节点的相对恒定性是指对于任何一名小学生来说,他都存在着诚信知行冲突转换节点,而不受到性别、年龄、年级等的影响。一方面,小学阶段的儿童已经能够主动地参与人际交往,在建立和维持人际关系、平息人际关系冲突等方面也已经得到了不同程度的发展。[①] 小学生相对稳定的人际关系的建立和发展必然使他们面对和解决诚信关系的建立与现实诚信问题的应对等情况。另一方面,在"对影响典型被试实现诚信知行积极一致转换因素的再分析"一节中,笔者对各个因素包含的内容或受到哪些因素的影响进行了分析,不可否认,这些内容或因素与个体生理、心理、社会等方面的发展呈现明显的相关性。由于它们发展的阶段性和差异性,小学生在三种影响因素的发展方面也具有阶段性和差异性,并且从总体来看,小学生也必然会在这三种影响因素的各个方面经历一个由相对较低的发展水平向相对较高的发展水平逐渐过渡的过程,因此,这就意味着小学生诚信知行冲突在其诚信品德发展和养成过程中是无法完全避免的特殊情况。但是,根据本书研究的结果来看,诚信知行冲突的出现也就意味着某一转换节点的出现,从而有可能通过相应的教育对策解决小学生的诚信知行冲突问题,促进他们实现诚信知行积极一致地转换。

第二,小学生诚信知行冲突转换节点的动态发展性。小学生诚信知行冲突转换节点的动态发展性是指对于小学生个体来说,他的诚信知行冲突转换节点总是处在不停地变动中。由维果茨基的相关研究可知,学生已经具备的能力即是他当前发展水平,对于他来说,尚存在着潜在发展水平。合理的教学能够帮助学生通过最近发展区达到潜在发展水平。而这时,他所达到的潜在发展水平便成为他的当前发展水平。同时,又一个通过最近发展区而可能达到的潜在发展水平又出现在他的面前。因此,对于小学生诚信知行转换来说,随着学生诚信知行转换发展水平的不断提升,那些他尚无法解决的诚信问题就是他的潜在发展水平,而当他

[①] 兰春. 小学生人际关系现状及培养 [J]. 四川教育学院学报, 2000 (1、2): 33 - 36.

能够顺利地解决它时，实际上这种潜在发展水平就成为他的当前发展水平，而另外一种更高层次的无法解决的诚信问题就是他的潜在发展水平。当这一新的诚信问题出现时，对于小学生来说仍然可能会出现诚信知行冲突，而这时也就会产生新的诚信知行冲突转换节点。另一方面，对于小学生群体来说，由于生理、心理和社会性发展水平的差异性，必然会造成每一名学生诚信知行冲突转换节点出现的时间、条件等都存在显著的差异。发展心理学一般都赞成个人的发展具有普遍性与特殊性的统一、方向性和顺序性的统一以及发展的不平衡性等特征。这些特征既表明群体中的每一个个体在发展的总体方向的一致性，也表明群体中的每一个个体都与其他人存在着差异性。更进一步地讲，这种差异性最常为我们认识到的就是年龄差异。而年龄差异的实质又在于个体在不同年龄阶段上，由于其大脑发育水平的差异（特别是不同脑区功能发展水平的差异）为基础的认知发展水平的差异，导致了个体之间显著性的年龄差异。例如，科尔伯格对 10～16 岁儿童进行的道德认知发展水平研究，就揭示出随着年龄的增长，儿童的道德认知发展呈现出阶段性的逐步提高的过程。当然，年龄上的划分也并非绝对的，而是指出了个体之间相对的差异性。因此，小学生诚信知行冲突转换节点的动态发展性要求教育者在进行诚信教育和促进小学生诚信知行积极一致地转换时应该考虑到不同学生的个体差异性。

第三，小学生诚信知行冲突转换节点的可教育性。小学生诚信知行冲突转换节点的可教育性是指当小学生出现诚信知行冲突问题时，恰恰表征着其已经具备了向潜在发展水平前进的可能性。这就要求当教育者识别出具有诚信知行冲突问题的小学生，并在其又面临新的现实的诚信问题时，抓住诚信知行冲突转换节点这一关键的教育契机，通过对前述三种因素中正在发挥作用的某一个或某几个较低发展水平因素的干预，引导或支持小学生克服阻碍，解决小学生可能出现的诚信知行冲突问题，促进他们实现诚信知行积极一致地转换。

（三）诚信知行转换节点运行全景图

至此，本书研究基本探明了小学生诚信知行冲突及其转换节点。现在让我们把整个过程以绘图的方式表征出来，从而直观地展示小学生诚信知行冲突转换节点的识别，如图 6-1 所示。

第一，真实的诚信交往环境是小学生诚信知行冲突转换节点出现和识别的背景。在真实的诚信交往环境中才有可能出现具有现实意义的诚信问题，从而使得小学生的诚信认知和诚信行为有可能出现。在诚信知行转换过程中，小学生一直处在特定的真实的诚信交往环境中，从而保障其诚信知行转换过程不会因为脱离背离而中断,这同样也能够保障诚信知行转换转换节点的出现——只有处在持续的真实的诚信交往环境中才有可能出现由诚信认知向诚信行为的转换。

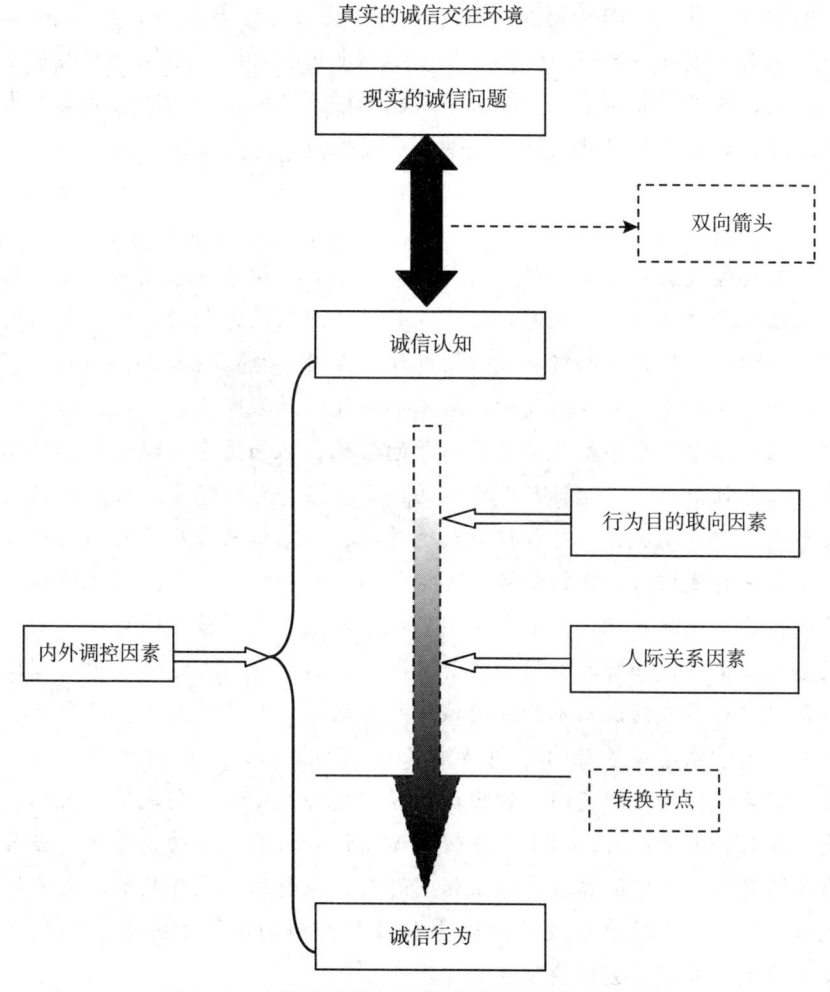

图 6-1 小学生诚信知行冲突转换节点运行全景图

第二,现实的诚信问题引发了小学生诚信认知的启动;同时,小学生现有的诚信认知发展水平能够包容这一现实的诚信问题。在真实的诚信交往环境中,小学生面临现实的诚信问题,当小学生已经具备了一定发展水平的诚信认知时,现实的诚信问题便能够引发小学生诚信认知开始进入解决现实的诚信问题的程序。另一方面,小学生当前具备的一定发展水平的诚信认知必须倾向于能够包容当下的诚信问题,否则整个诚信知行转换过程就有可能中止。因此也就是说,只有当小学生已经具备的诚信认知发展水平能够包容现实的诚信问题时，才有可能真正进入诚信知行转换的过程。

第三，在此基础上，能够实现诚信认知向诚信行为的合理转换实际上受到三种因素的影响：其一，内外调控因素的影响；其二，行为目的取向因素的影响；其三，人际关系因素的影响。即当小学生受到上述三种因素中较低发展水平一端的影响，而将要做出非诚信行为的决策或已经做出非诚信行为的决策但并未实际践行出来时，表征着诚信知行冲突转换节点的出现。

第六章小结：

通过对典型被试日常诚信行为的再观察，对典型被试处在相同情境中时都未表现出诚信知行相一致的情况进行记录，并进行深入的结构性访谈，本书研究发现，影响小学生实现诚信知行积极一致转换的因素包括：内外调控因素、行为目的取向因素和人际关系因素。同时，从本书研究的结果来看，具有诚信知行冲突的小学生往往倾向于受到标尺前端的因素的影响，从而没有实现诚信知行积极一致地转换。也就是说，三组标尺中前端的因素一般会对小学生正确的诚信认知造成某种干扰，阻碍了诚信知行积极一致地转换；三组标尺中后端的因素则往往会对小学生正确的诚信认知发挥积极地支持作用，从而协助小学生实现诚信知行积极一致地转换。在此基础上，笔者在实际观察以及对典型被试的访谈中发现，当他们完全表征出诚信知行冲突问题之前，即已经由于受到上述标尺中前端因素的影响而表现出与其诚信认知不相应的诚信行为之前，某些外力因素的介入，能够引导或支持小学生继续按照自己所清晰认识到的诚信认知转换为相应的诚信行为，从而避免诚信知行冲突问题的出现，并实现由诚信认知向诚信行为积极一致地转换。因此，笔者认为，对于具备较高诚信认知发展水平的小学生，当其处在真实的诚信交往环境中面临现实的诚信问题时，在受到上述标尺前端因素的影响将要做出非诚信行为的决策或已经做出非诚信行为的决策但并未实际践行出来时，表征着诚信知行冲突转换节点的出现。

第七章

促进小学生诚信知行转换的学校教育建议

小学生诚信知行冲突是小学生诚信知行转换过程中的一种非常态，受到多种因素的影响，而这些因素已经被我们所发现，并且学校教育可以对它们分别进行教育，促进小学生的发展。同时，在诚信知行冲突中还存在着具有特殊教育价值的转换节点，学校诚信教育也可以通过适当的方法和路径对具有诚信知行冲突问题的小学生施加干预，从而促进他们诚信知行积极一致地转换。

一、当前我国小学诚信教育在知行转换方面存在的问题

为了提出切实可行的促进小学生诚信知行转换的学校教育建议，笔者试图首先通过系统地探究当前我国小学诚信教育在知行转换方面存在的问题，从而在综合其他方面的因素的基础上提出一定的建议。

通过前述研究以及笔者在深入小学进行研究过程中的所见所思，笔者认为当前我国小学诚信教育在知行转换方面存在以下两个方面的问题。

（一）没有正确识别小学生诚信知行冲突

小学生诚信知行冲突是一个极为复杂的问题，而当前我国学校诚信教育中还对此缺乏必要的、完整的识别。

首先，小学生诚信知行冲突的复杂性，容易导致教育者误将小学生一切诚信知行转换问题都归结于诚信知行冲突。事实上，小学生诚信知行转换包括积极的诚信知行一致、诚信知行冲突和消极的诚信知行一致三类。其中，诚信知行冲突与消极的诚信知行一致在表面上可能较容易导致教育者泛化地归结为"诚信知行

冲突"。实际上，对于消极的诚信知行一致群体中的小学生来说，他们的诚信认知发展水平还相对较低，只是由于教育者不愿意面对这样的事实，或没有全面地理解诚信知行冲突，才误将这一类问题归为诚信知行冲突一类中。而对于诚信知行冲突群体中的小学生而言，基于本书研究的结果可以看出，即使在他们内部也存在着一定的区别，即真正的诚信知行冲突和"假"的诚信知行冲突。它们反映出诚信知行冲突发展的不同阶段：对于具有"假"的诚信知行冲突的小学生而言，他们的诚信认知发展水平相对于消极的诚信知行一致有着显著的发展，其诚信认知在整体发展上趋于完整和良好，只是在某些维度的发展有所欠缺，因而没有实现由诚信认知向诚信行为的合理转换；对于具有真正的诚信知行冲突的小学生而言，他们的诚信认知发展水平已经达到了较高的层次，只是由于前述三种因素的影响，从而导致他们没有实现由诚信认知向诚信行为的合理转换。如果缺少对诚信知行冲突问题细致地分类和识别的话，教育者极容易在此问题上一概而论。

其次，小学生诚信知行冲突的复杂性，使得当前教育学研究还比较缺乏，因而不能给予学校诚信教育实践以支持。从已有研究文献来看，关于小学生诚信知行冲突的研究尚处在起始阶段，已有研究只是对于小学生诚信知行冲突开展了初步的研究工作。这些工作虽然在一定程度上揭示出了诚信知行冲突的概念、特征、原因等问题，但是还没有给予教育者识别小学生诚信知行冲突的具体标准。一方面，对于小学生诚信认知发展水平的较为精确地测量具有一定的难度，教育者只能凭借一定的感性经验对小学生现有的诚信认知发展水平进行估计，而无法对其具体的差别进行识别；另一方面，对于小学生诚信行为的较为精确地测量同样具有一定的难度，教育者难免就事论事或者以偏概全，从而以自己的某种认识来衡量小学生诚信行为的发展水平，这就容易导致过分夸大或者忽视了小学生诚信知行冲突问题。

最后，小学生诚信知行冲突的复杂性，容易引起教育者的无助感，并将造成小学生诚信知行冲突的原因归结为家庭教育或社会因素的影响，忽视了自身的教育责任。不可否认，家庭教育或社会因素对于小学生诚信知行关系的和谐发展必然具有一定的影响：从家庭诚信教育这一方面来看，当前我国家庭诚信教育尚缺乏系统性，家长对于子女的诚信教育主要是从经验层面展开的；甚至有的家长在对子女的诚信教育中，只要子女对自己做到诚信就满意了，而不注意处理子女在与他人交往过程中存在的诚信问题和引导他们在与他人交往过程中遵循诚信品德。另外，家庭诚信教育中也存在家长自身的诚信水平较低，例如，在生活中为了追求利益，父母缺乏诚信，在与人交往的过程中，言行不一、虚情假意；家长灌输给孩子错误的诚信观念，例如一些家长视学习成绩好坏作为评价子女的唯一标准，而忽视了孩子诚信等重要道德品质的发展，或者过分溺爱子女，强调在与他人交往的过程中"不能吃亏"；甚至家长在与子女的交往过程中不遵守诚信品德等现象，从而造成儿童的诚信知行转换发生扭曲或变形的情况。

从社会诚信教育这一方面来看，我国传统诚信文化中优秀的组成部分并未被全部吸纳到学校诚信教育中，同时，我国传统道德教育和诚信文化中存在着不完善之处。例如，在传统的诚信文化中，讲求"私德"，即对"自己人"常常表现出较高的诚信水平，而不注意"公德"的养成和表现，诚信观念存在矛盾，如一方面强调"人无信不立"，另一方面则强调"人不为己，天诛地灭"，等特征也不利于学生诚信品德的培养。另外，当前社会生活中，实际发生的失信事件，以及新兴网络媒体中存在的弄虚作假、欺诈等问题，对学校诚信教育都会带来不利影响。但是，这并不能作为学校诚信教育实效性较差的借口。学校诚信教育与家庭教育、社会教育等各个方面构成了小学生诚信知行关系的复杂系统，共同承担着实现小学生由诚信认知向诚信行为合理转换的引导工作。

（二）实现小学生诚信知行冲突转换的路径不得法

正是由于诚信知行冲突问题本身的复杂性，使得当前我国学校诚信教育在实现小学生诚信知行冲突转换中还存在着明显不足。

第一，学校诚信教育仅仅仍然以培养小学生的诚信认知发展作为工作重心。如前所述，当前我国学校诚信教育过分强调和一味灌输具有价值导向的认知性诚信知识。然而，这些知识缺乏对"诚信"本身的理性认识，以及与"诚信行为评价标准"有关的知识，学生仅仅了解教材当中的诚信教育素材是"正确"的，而不知道它们为什么是"正确"的，因而不能具有实效性地指导学生人际交往的诚信认知；小学诚信教育中诚实教育素材和守信教育素材的不均衡发展会导致小学生有关诚信观念的不均衡发展，从长远来看，则从根本上不利于诚信品德的全面发展；小学诚信教育内容中诚信知行动力机制的欠缺也是造成小学生诚信知识不完整的重要问题之一。这些具体问题的存在，虽然基于良好的诚信认知有利于小学生更加自觉地、持久地表现出相应的诚信行为的观点，但是，从本书研究的调查结果来看，学校诚信教育并没有在这方面取得突出成果。

第二，学校诚信教育没有重视小学生诚信知行转换的实践能力的培养。"实践能力就是形成实践观念，并能将之会计实施的个体心理和生理特征的总和，是个体身心统一的能量系统，实践能力最终体现在个体完成现实任务的质量和水平。"① 从学校诚信教育的实际情况来看，当前我国小学生群体在诚信方面的实践能力水平尚有待提高。究其原因，这是由于当前我国学校诚信教育重知识传授，轻实践养成导致。如前所述，当前我国学校诚信教育教授小学生的诚信知识存在着欠缺，更为重要的是，当前我国学校诚信教育并未着重强调小学生诚信实践能力的培养，这突出地表现在不仅对小学生在实践诚信的动机因素方面的培养尚不充分，而且在一般实践能力因素、专项实践能力因素和情境实践能力因素等三个要素上所下的功夫更是少之又少。特别是专项实践能力因素和情境实践能力因素两个方面，学校诚信教育在实际教育过程中极少涉及，这很有可能是由于这两种实践能力较难通过班级授课的形式传递，而需要在真实的道德实践中才有可能获得，因而未被纳入到小学生诚信教育的序列当中。

第三，学校诚信教育的形式还主要以班级授课制为主要依托，缺乏必要的专门性的个别化教育。本书研究在开始时引用的维果茨基的实验表明，儿童的现有发展水平和可能达到的潜在发展水平都存在着差异性，在班级授课制之下，教师无法影响儿童的全部行为，这实际上容易造成对小学生诚信知行冲突转换节点的忽视，从而不能有效地指导他们在真实的诚信问题中解决诚信知行冲突问题，促进小学生实现由诚信认知向诚信行为的合理转换。

第四，不论是在学校诚信教育中，还是其他的教育中，对影响小学生实现诚信知行积极一致转换的因素，包括内外调控因素、行为目的取向因素和人际关系因素，并未特别重视；并且也缺乏对上述各因素的系统培养。究其原因，可能是由于以往研究并未系统地对小学生诚信知行问题进行深入研究，从而未能归纳出这些影响小学生实现诚信知行积极一致的影响因素。在促进小学生诚信知行转换时对这些影响因素的忽略，以及学校教育中缺乏系统的培养，造成小学生诚信知行冲突问题的发生和扩大化。

二、提高教师识别小学生诚信知行冲突及其转换节点的能力

教师是学校诚信教育的直接参与者，因此，他们有必要在深刻理解小学生诚信知行冲突的内涵、特征、分类的基础上，准确地识别小学生诚信知行冲突及其转换节点，从而为进一步实施具有针对性的个别化教育奠定基础，并将此作为教师专业成长的重要方面。

---

① 刘磊. 培养学生实践能力论纲 [D]. 大连：辽宁师范大学，2009：16.

教师的识别能力是开展有效诚信教育的前提，只有教师具备了一定的识别能力，才能在诚信教育中做到有的放矢、因材施教。对于识别小学生诚信知行冲突，特别是识别小学生是否处在诚信知行冲突转换节点时，更要求教师具有较高水平的识别能力。这是因为，作为一个关键的时间点和重要的教育契机，当小学生处在诚信知行冲突转换节点上时，可能仅仅是稍纵即逝的时间，只有及时、准确地识别出这一时间点，教师才有可能对其施加及时而适当的引导和教育，从而能够事半功倍地促使小学生实现诚信知行积极一致地转换。因此，教师识别能力发展水平决定了其能否抓住该节点。反之，如果教师不具备较高发展水平的识别能力，延误了及时而适当的引导和教育，便有可能导致小学生诚信知行冲突问题的继续存在。笔者认为，教师可以通过以下两种方式提高识别小学生诚信知行冲突及其转换节点的能力。

（一）学习识别小学生诚信知行冲突及其转换节点的科学知识和方法

第一，教师应该学习有关小学生诚信知行冲突及其转换节点的科学知识。具备有关小学生诚信知行冲突及其转换节点的科学知识，是教师能够及时而准确地识别小学生诚信知行冲突及其转换节点的基础。首先，教师应该学习有关诚信知行关系的相关知识，这些知识是深刻理解诚信知行冲突及其转换节点的知识基础。从已有研究文献来看，包括教育学领域内的研究者在内的诸多学者，已对诚信认知与诚信行为、诚信观与诚信行为、诚信知行转换的过程与环节等问题进行了较为系统地研究，并且提供了较为全面的研究成果供教师参考和学习。其次，教师应该学习有关诚信知行冲突及其转换节点的相关知识，这些知识是识别小学生是否是真正的诚信知行冲突、是否处在诚信知行冲突转换节点的依据和标准。已有研究对小学生诚信知行冲突的概念、特征、类型及原因等进行了初步研究，在此基础上，本书研究又进一步深化了对小学生诚信知行冲突的分类、特征、影响小学生实现诚信知行积极一致转换的因素以及诚信知行冲突转换节点的识别等的理论认识，这些研究成果在一定程度上揭示出了小学生诚信知行冲突及其转换节点的实质，从而能够为教师识别小学生诚信知行冲突及其转换节点提供可供参考的依据和标准。

第二，教师应该学习有关识别小学生诚信知行冲突及其转换节点的科学方法。有关识别小学生诚信知行冲突及其转换节点的科学方法是教师能够及时而准确地识别小学生诚信知行冲突及其转换节点的工具和手段。首先，教师应该学习测量小学生诚信认知发展水平的科学方法。关于小学生诚信认知发展水平的测量,与对诚信的构成要素及其相互关系、诚信品德心理的影响因素等方面密切相关。但是,当前相关研究对这些方面的认识尚未统一,这就使得制定出具有一定信效度的测量工具存在困难。因此,有研究指出,由于相关概念缺乏统一认识、测量工具涉及维度所依据的理论基础不扎实以及倾向于由对成人的测量迁移到儿童的测量上等问题的存在,[①] 当前关于儿童诚信认知发展水平的测量还远远不能满足教育实践的需求。但是,笔者通过对比相关研究的测量工具发现,傅维利教授组织编制并在全国范围内获得常模数据的《儿童、青少年诚信观念调查问卷》能够较为全面地对儿童的诚信观、诚实观、守信观及其中涉及的各个维度或要素进行系统的测量,获得较为可靠的数据。这对教师能够便捷、准确地测量和评价小学生诚信认知发展水平具有重要意义。其次,教师应该学习测量小学生诚信行为现状的科学方法。关于小学生诚实行为现状的测量,笔者在研究过程中发现,教师尚不能对此进行较为系统的观察、评价和识别;而一些研究文献也暴露出了相似的问题。笔者认为,之所以会存在这样的问题,是由于未能采用多角度的研究方法对小学生诚信行为现状进行一段时期的固定考察。在本书研究中,为了更加真实的、全面的获得小学生诚信行为的现状,笔者在考察以往研究和教育实践的基础上,制定了小学生日常生活诚信行为清单,并采用了自然状态下的观察、访谈等方法以及人为控制条件下的情境实验的方法,较为全面地展现了小学生诚信行为的现状。第三,教师应该学习评价小学生诚信认知发展水平与其诚信行为现状之间关系的科学方法。前述两种科学方法能够帮助教师收集有关小学生诚信认知发展水平的数据和小学生诚信行为现状的数据,在此基础上,教师还应该学习如何通过系统的赋分方法对上述数据进行转换和评价,从而能够较为科学地识别小学生诚信知行冲突的类型。在此基础上,教师再对真正的诚信知行冲突小学生进行观察,从而识别他们的诚信知行冲突转换节点。

(二) 在诚信教育实践中自觉运用上述的科学知识和方法

识别小学生诚信知行冲突及其转换节点的科学知识和方法是提高教师识别能力的基础,更为关键的是,教师应该在诚信教育实践中自觉地运用这些科学知识和方法,从而提高自己及时而准确地识别小学生诚信知行冲突及其转换节点的能力。

例如,教师在学习了傅维利教授有关诚信观构成成分划分的知识,以及《儿童、青少年诚信观念调查问卷》的使用方法、评分规则后,对所在班级的小学生

---

① 王丹,傅维利. 诚信测量研究的若干问题 [J]. 教育评论, 2009 (5): 9-12.

进行规范的测量和评价。当然，除了上述科学知识和方法外，教师在使用问卷法测评小学生的诚信认知发展水平时，还需要具备一定的统计学知识和使用相关统计软件的能力。如果教师在这方面存在不足，也可以通过质性研究方法对小学生的诚信认知发展水平进行行动研究，即"以改善社会情境中行动质量的角度来进行研究的一种研究取向"。[①] 在这种研究中，教师通过深入教育实践之中，把真实的教育问题作为自己研究的核心。具体而言，教师可以通过检视小学生宣称的诚信认知与实际诚信行为中存在着的诚信认知。小学生宣称的诚信认知基本反映着其对于诚信品德从理性角度思考并认为是"正确"的认识，而小学生实际诚信行为中存在着的诚信认知则反映出了其是否真正具有较高发展水平的诚信认知。小学生在实际的诚信行为中存在着的诚信认知与宣称的诚信认知不一致和不协调时，就反映出小学生的诚信认知中存在着"影子"。这一"影子"即是小学生实际的诚信认知与其宣称的诚信认知之间的差距，从而使教师能够对小学生个体的实际诚信认知发展水平有一定的认识，在此基础上，教师可以通过借鉴傅维利教授有关诚信观构成成分的划分来对小学生宣称的诚信认知与实际诚信行为中存在着的诚信认知进行直观的、列表式的对比，从中可以推断出二者之间存在差异的显著性。

同时，教师还可以通过小学生诚信知行转换过程之中和之后的情绪变化及其外显行为表征佐证自己的判断。从前述研究结果来看，具有真正诚信知行冲突的小学生，能够清晰地认识到自己已经犯下的错误，并在诚信知行冲突问题发生后，出现消极的情绪体验，例如紧张、后悔、懊恼等。同时，情绪心理学的相关研究表明，个体情绪的变化总是伴随着个体的生理反应、心理反应、行为反应。[②] 根据笔者的观察可以发现，上述消极的情绪体验会引起小学生在生理反应方面出现心跳加速并伴有脸红、手心出汗等变化；其心理反应出现不安、焦虑等变化；其行为反应往往出现左顾右盼、低头不语或坐立不安等变化。教师对这些情绪及生理、心理、行为变化的观察，能够对自己所做出的小学生是否处在诚信知行冲突提供佐证依据。

三、对诚信知行冲突小学生进行有针对性的个别化教育

（一）学校诚信教育形式的变革

当前我国学校教育体制，对小学生的诚信教育形式主要以班级授课制为主，

---

① 陈向明著. 质的研究方法与社会科学研究 [M]. 教育科学出版社，2000：448.
② 孟昭兰. 情绪心理学 [M]. 北京：北京大学出版社，2014.

缺乏对诚信知行关系不同发展阶段的小学生的有效地个别指导，从而不能及时而准确地识别小学生诚信知行冲突及其转换节点，错过教育时机，延误了小学生的道德成长。

不可否认，班级授课制是影响世界教育发展的重要变革之一，它使得普及义务教育成为可能。但是，对于学校道德教育而言，它也造成了困境：道德教育的知、行分离；道德教育的目标乏力；道德个体的个性缺失；道德教育的针对性模糊等。① 这些问题与班级授课制过分强调统一，而忽视了个体道德发展和成长的独特性密切相关。正如杜威所言："一种视品行为个人表现和个人活动的方式的意见，将我们从道德的社会方面引向心理学方面。首先，一切品行从根本上和实质上说都源自与生俱来的本能和冲动。我们必须知道这些本能和冲动是什么，它们在儿童发展的每一个特殊阶段是什么，以期知道该诉诸和依赖什么。忽略这一原则，也许会导致对道德行为的机械模仿，而模仿在道德上将是无效的，因为它是表面的，并且不以儿童为中心。"② 因此，学校诚信教育为了破解小学生诚信知行冲突问题应该实现教育形式的变革，即在班级授课制之下，尊重个体道德发展和成长的差异性，对处在诚信知行冲突转换节点的小学生开展个别化教学。

个别化教学是与班级授课制相对立的一种教学组织形式。个别化教学是为了适合个别学生的需要、兴趣、能力和学习进度而设计的教学方法。个别化教学并不意味着独自学习。当同一教材、教法不能针对班级教学中学生的程度差异时，为顾及个别能力、兴趣、需要及可能遭遇的困难，教师须在教学过程中特别设计不同的教学计划。③ 对于本书研究的主题而言，这一个别化教学的含义也不能完全包含进来，这是因为对于道德教育而言，它并不总是发生在即时的课堂之上，而是有可能发生在小学生日常学校生活和活动中的方方面面，也就是说，个别化教学的道德教育应该是无处不在、无时不在的；同时，道德教育采用个别化教学，也并不必然将教育者限定为教师，它也有可能是发生在学生与学生等同伴之间的教育关系。就本书研究的主题而言，笔者认为个别化教学是指当小学生处在诚信知行冲突转换节点时，教师或其他同伴根据阻碍其实现诚信知行积极一致地转换而在当时展开的独特的引导或支持工作，从而使得唤起其克服诚信知行冲突实现诚信知行积极一致转换的教育形式。

---

① 赵雪江. 班级授课制背景下道德教育的困境分析 [J]. 沈阳师范大学学报（社会科学版），2006（3）：22-25.

② [美] 杜威. 道德教育原理 [M]. 杭州：浙江教育出版社，2003：25.

③ 陈琦，刘儒德. 当代教育心理学 [M]. 北京：北京师范大学出版社，2007.

（二）教师促进诚信知行冲突小学生转换的个别化教育

教师识别小学生诚信知行冲突及其转换节点的主要目的，是鉴别哪些小学生已经为实现诚信知行积极一致地转换做好了准备，从而对他们进行具有针对性的个别化教育，推动他们由诚信知行冲突向诚信知行积极一致地转换的发展。总体而言，教师在促进诚信知行冲突小学生转换时，应该扮演外部监督者、诚信知行冲突解决引导者和促进小学生自我完善的发展者等三个重要角色。

教师作为外部监督者，是指教师通过自己的权威地位，根据个体由他律道德逐渐过渡到自律道德的发展规律，首先从外部创造一个有利于小学生实现诚信知行积极一致转换的环境，并对存在诚信知行冲突问题可能性的小学生加以监督，使他们认识到自己处在一种严密的外部监督之下，从而为了避免受到惩罚而要求自己坚持由诚信认知向诚信行为的合理转换。所谓严密的外部监督，就要求班主任不仅要履行外部监督者的身份职能，更需要如马卡连柯所谓的"教师集体"共同履行外部监督者的身份职能。当前我国学校班级管理中，往往以班主任作为学生德育工作的重心，其他任课教师则被默认为"非德育工作者"。事实上，班主任除了担任本班教学工作及有限的课余时间外，与班级学生相处的时间并不长，这就容易造成他们无法观察到本班学生全部的诚信关系；而其他任课教师在与学生交往过程中，也必然发生着诚信关系，如学生是否按时交作业、学生是否会因为没有完成作业说谎等。这就要求其他任课教师不仅关注"作业"本身，更应该通过与学生之间建立起的诚信关系，发挥外部监督者的身份职能，与班主任一起共同承担起促进小学生诚信知行积极一致转换的教育责任。

教师作为小学生诚信知行冲突解决的引导者，是指教师在识别了小学生诚信知行冲突类型的基础上，对真正的诚信知行冲突小学生加以关注，并在他们面临新的现实诚信问题时，进行专门的引导和协助，从而促使小学生实现由诚信认知向诚信行为积极一致地转换。小学生之所以会存在诚信知行冲突，与其在诚信认知向诚信行为转换过程遇到的其所不能解决的影响因素相关，正如本书研究已经揭示出来的，这些影响因素包括内外调控因素、行为目的取向因素、人际关系因素等。正是受到这些因素的影响，小学生在是否根据自己已经具备的较高发展水平的诚信认知转换为相应的诚信行为上产生了内心矛盾，而这也恰恰是本书研究所指的小学生已经处在了诚信知行冲突转换节点的具体表征。在诚信知行冲突转换节点出现之时，教师针对上述影响因素进行专门的引导和协助，例如帮助小学生认识到考虑他人或集体的得失、利害的重要性、对人际关系的正确认识等，从而消解那些影响因素对小学生诚信知行转换决策的不良影响，促使他们实现由诚信知行积极一致地转换。

教师作为促进小学生自我完善的发展者，是指教师不仅作为外部监督者，还是作为小学生诚信知行冲突解决的引导者，都是发挥了外力作用的身份职能。从本书前述研究内容来看，一方面，教师作为外部监督者和小学生诚信知行冲突解决的引导者两个身份职能都是小学生诚信知行转换发展中必不可少的影响成分，它是小学生处在他律道德向自律道德过渡和小学生面临以自身现有发展水平无力解决的现实诚信问题时，实现小学生诚信知行积极一致转换的必要的"脚手架"。但是另一方面，从长远来看，小学生自觉地、持久地坚持由诚信认知向诚信行为的合理转换，仍然需要依靠他自己。因此，这就要求教师在识别小学生诚信知行冲突及其转换节点，并通过一定的协助促进小学生诚信知行冲突得以改善的基础上，更深入地了解究竟哪些因素，包括内外调控因素、行为目的取向因素、人际关系因素等，阻碍了小学生实现诚信知行积极一致地转换，并对这些影响因素进行有针对性的教育和引导，促使诚信知行冲突小学生在这些方面得到发展，从而从根本上解决造成其诚信知行冲突的原因，促进其诚信品德的发展和养成。

四、同伴间诚信教育实现的策略

维果茨基的"最近发展区"理论表明，有能力的同伴的帮助能够促使儿童由当前发展水平向潜在发展水平前进。但是，对于这种可能的教育方式受到哪些具体因素影响从而促使儿童的发展，维果茨基并未进一步研究。据此，本书研究在第三章中通过运用社会网络分析法，揭示出班级内同伴诚信网络的基本特征，从而指明了：一方面，不同性别的学生在践行诚信准则时确有表现方式方面的差异；另一方面，是否在班级中任职和学生个体诚信观发展水平两个因素会对同伴间的诚信教育产生较为重要的影响。这给学校的诚信教育以重要的启示：教育者应该根据小学生同伴诚信网络的基本特征，促使有能力的学生发挥其在诚信教育中独特的示范和引领作用，从而提高学校诚信教育的实效性。

首先，教育者应该关注不同性别小学生践行诚信时表现方式的差异及其结果，引导小学生在同性同伴交往和异性同伴交往中，发挥各自的表现方式的优势，从而构建一个完整的班级诚信关系网络。在小学生同伴诚信网络结构中，男性小学生和女性小学生可能都在以自己独特的表现方式践行着诚信，他们各自具有自己的优势。即使对于同一性别的儿童，教育者也要善于洞察孩子的内心世界和行事方式，避免误读他们。也就是说，教育者不能简单对他们的诚信水平下结论，而应该仔细观察他们践行诚信时在表现方式方面的差异，以及不同表现方式最终达到的结果是否符合诚信准则，从而引导小学生在与同伴交往的过程中，既发挥各自的优势，又要善于理解和学习他人践行诚信的独特方式。

其次，教育者应特别重视学生干部角色对学生诚信教育的价值。一方面，要更多地从拓展道德教育功能的角度创新学生干部的选拔方式，让更多的学生能够轮流承担一定的班级管理工作；另一方面，要加强对他们关于"学生干部"自我身份认同的引导，提高他们在诚信关系中的自我要求和自我约束能力，从而发挥他们的带头作用，促进班级诚信关系网络的完善。"学生干部"对自我身份的认同，是一个复杂的社会化的过程。首先，他们要认同学生干部应是在各个方面表现的更好的学生，为此他们要付出更多的努力，用更严格的标准要求自己；其次，他们要意识到，自己是承担一定责任的人，为此，他们不仅要做好相应的工作，还可能因工作中的错误或瑕疵受到批评。我们之所以看重学生干部在诚信教育中的作用，是因为学生干部在班级管理中会直接面临更多的真实的诚实和守信问题，他们表现的如何不仅对他们自身而且对整个班级同学都有直接和真实的影响作用。如果班干部集体在诚信方面做得很好，就容易形成诚信的班级风气，从而造成一种具有裹挟和感染力的诚信教育氛围。教育者要勇于在此方面花大力气并学会如何做好恰如其分的引导和教育工作。

最后，教育者应该仔细甄别学生个体的诚信观发展水平，并引导那些具备了较高诚信观发展水平并且在日常班级生活中表现出积极诚信行为的学生在与其他同学交往的过程中，发挥自身的引导作用，促进班级诚信关系网络的完善。诚信观发展水平的高低对于个体践行何种程度的诚信行为具有积极的意义。正如前面所分析的那样，一般来说，诚信观发展水平越高，个体对于诚信的内涵和诚信的价值的认识和理解的水平就越高，诚信行为出现的概率也越高。如果教育者能清晰地识别出班级中诚信观水平发展较高的学生，及时表彰他们的诚信认识和行为，发挥他们的具有正能量的榜样作用，就能够以鲜活生动和令人信服的身边案例引导和激励全班学生提高对诚信的认识水平并以积极的态度呈现诚信行为。因此，教育者应该提高自身甄别学生个体的诚信观发展水平的能力，实践证明，采用《儿童、青少年诚信观念调查问卷》对学生的诚信观发展水平进行量化评定是甄别学生诚信观发展水平的有效方法；与学生就有关诚信问题进行讨论、在教育教学过程中仔细观察学生的诚信行为或与家长及时交流学生在校外活动中相关言行，也是判断学生诚信观发展水平的很好方法。教育者应当把这一方面的能力的提升作为教师专业成长的重要方面。

五、提升小学生诚信知行积极一致转换相关因素的水平和能力

正如本书研究揭示的，内外调控因素、行为目的取向因素、人际关系因素等三种因素对于小学生实现诚信知行积极一致地转换具有重要影响。当小学生受三种因素中发展水平较低的因素影响时，较有可能无法实现诚信知行积极一致地转换；当其受三种因素中发展水平较高的因素影响时，则较有可能实现诚信知行积极一致转换。然而，在当前我国学校诚信教育以及其他教育中，尚未专门对小学生在上述三个影响因素方面的专门培养。笔者认为，这恰恰有可能是造成小学生诚信知行冲突较为普遍的原因。因此，学校诚信教育及其他教育在今后工作中应该将上述三种因素的专门培养尽早提上日程，从而有效地破解小学生诚信知行冲突问题，促进小学生更加自觉地、持久地由诚信认知向诚信行为的合理转换。

（一）提升小学生内外调控因素的水平和能力

诚信的内外调控包括外部监督和内部监控两个方面。其中，部监督主要是指外在于学生本人而存在的强制性条件，以及强制性条件对其诚信知行转换的影响；内部监控是指通过学生本人内在的强制性条件，对其诚信知行转换产生直接的影响。如前所述，二者之间既是相互补充的关系，同时，内部监控又是高于外部监督的一种发展水平。同时，由皮亚杰指出的个体道德由他律道德逐渐过渡到自律道德的论断可知，在小学生诚信知行转换的过程中，首先应该强调通过外部监督来促进小学生诚信知行积极一致地转换，并逐步促使小学生由依靠外部监督向依靠内部监控发展。

第一，建立和谐的师生关系，实现教师作为诚信的外部监督的作用。和谐的师生关系是教师发挥作为诚信的外部监督的重要前提。一方面，和谐的师生关系能够使教师更加深入地走入学生的日常生活，不仅是在学习生活中的诚信关系上能够发挥应有的教育作用，而且能够在学习生活以外的活动、甚至校外活动中参与到学生的诚信关系中，并发挥应有的教育作用。另一方面，和谐的师生关系本身就能够引导小学生在处于诚信知行冲突转换节点上时，由于师生关系这一人际关系因素的和谐而能够实现诚信知行积极一致地转换。和谐的师生关系首先要求师生之间应该形成相互信任的关系。相互信任的关系一方面可以使得教师对于小学生的日常言行以更加积极的眼光对待，而不是以"怀疑一切的态度"来质疑小学生的一切所作所为；另一方面，相互信任的师生关系可以使得学生更加依赖于教师，这种依赖实际上是对教师对自己总是能够提供帮助而非惩罚的主观体验。

通过和谐的师生关系的建构，教师更加深入地走进小学生，获得了小学生更多的信任，这将在很大程度上消解小学生不诚信的可能性。更为重要的是，当师生关系是和谐的时候，教师由于深入了解了学生，并且获得了他们的信任，因此当发现他们已经处在诚信知行冲突转换节点上时，教师能够更加及时地提供帮助，并且得到小学生的接受。

第二，重视培养小学生有关诚信知行转换的元认知监控能力。美国心理学家约翰·弗拉维尔于20世纪70年代提出了"元认知"的概念，来用表示主体对其自身认知活动的认知。这其中主要包括对自我认知能力的认知和对当前正发生着的认知过程的认知，以及对这二者相互作用的认知。[①] 元认知实质上是对认知过程的积极的调节和监测，它能够影响到个体认知风格、学习策略以及认知结果反思等各个方面。对元认知结构的研究和争论从其开创时期就没有停止过。一般而言，元认知包括元认知知识、元认知体验和元认知监控三个部分。[②] 其中，元认知监控的作用在于对认知活动的计划、监督和调节等三个方面。实际上，元认知监控是对当前认知活动的一种实时的和动态的保障系统，以便促使个体的认知活动能够按照既定的方向发展。如在前述的研究内容中，当小学生处在诚信知行转换节点上时，实际上往往由于缺乏元认知监控发挥作用，小学生本人的认知活动并没有完全按照诚信认知自身的要求继续下去，而是受到了行为目的取向或前提性人际关系等的影响，改变了原本应该继续发展下去的方向，而转身了违背诚信认知的知行转换关系上，即诚信知行冲突的出现。因此，从作为相互补充的内外监控因素来看，不论是否存在着外部监督，内部监控总是存在着并发挥一定的作用，只是当内部监控发展尚不成熟时，它更易受到影响并因此丧失其应该发挥的作用。从内部监控是显著高于外部监督的一种心理机制来看，以往研究已经在很大程度上证明了元认知监控对儿童学习能力发展的重要性，并且在年龄或年级水平上存在着显著性差异，即随着年龄或年级水平的提高，元认知监控水平会不断提高，同时，教师有效地引导和帮助可以促进小学生元认知监控的发展。由于当前针对小学生元认知监控的训练策略主要侧重于智育方面，笔者在此只能就小学生有关诚实知行转换的元认知监控作一大体说明，以待后续研究在这一方面的继续深入。

对小学生有关诚实知行转换的元认知监控的训练，应该主要着眼于"主体对

[①] J. H. Flavell. Metacognition and cognitive monitoring: A new area of cognitive-developmental inquiry [J]. American Psychologist, 1979, 34 (10): 906–911.

[②] 张庆林，徐展. 幼儿元认知研究方法 [J]. 西南师范大学学报（哲学社会科学版），1997 (6): 51–54.

所感知到的客观事实和相应的主观判断进行真实表达"上来，[1] 也就是说，相对元认知监控训练的目标就是实现小学生对其自身是否能够如实地表达的监控。在训练目标确定之后，训练的内容可以通过设置某种诚信问题情境下，以师生互问或自我提问等方法，进行训练。例如，可以通过以下几个问题展开：这个诚信问题情境包括几个参与者？每个参与者与"我"是什么关系？我能够抛开这些关系而坚持诚实吗？坚持诚实会对这些关系造成哪些影响？我真的因为担心造成的这些影响而违背诚实吗？以元认知监控的发展为基础的内部监控的发展并不是孤立的，它可以通过与外部监督相配合而发展。具体来说，就是当教师作为外部监督的作用发挥到一定程度时，教师可以由对处在诚信知行冲突转换节点上的小学生的具体引导转向通过即时的上述的师生互问形式，提高小学生在真实的诚信冲突情境下实现诚信知行积极一致地转换的元认知监控，从而逐步实现由外部监督向内部监控的转换。

（二）提升小学生行为目的取向因素的水平和能力

诚信行为目的取向因素包括两种：一种是利己的目的取向，一种是利他的目的取向。利己的目的取向使学生在诚信知行转换的过程中主要受个人得失、利害的影响，从而有可能无法实现诚信知行积极一致地转换。利他的目的取向使学生在诚信知行转换的过程中更多地考虑他人或集体的得失、利害，从而有可能促使学生实现诚信知行积极一致地转换。由此来看，我们应该将诚信行为视为一种利他行为，并积极引导小学生从利他的目的取向出发引导他们由诚信认知向诚信行为积极一致地转换。

第一，正确认识诚信品德，形成正确的诚信观。培养小学生正确的诚信行为目的取向，首先要求小学生具备正确的诚信观。从本书研究第二章的问卷调查结果来看，小学生的诚信观总体发展水平相对较高，但是存在的问题也较为明显：其一，在对诚信基本内容的认识上尚存在不足，这表明小学生对于诚信的内涵和外延的认识还并不清晰，特别是如之前所述的，即使是在此问题上得分为正值的学生，由于无法明确区分"比较清晰"和"特别清晰"之间的差异，也不能确定他们是否真的"知道"诚信。其二，在对己、对他基本范畴和利益预期维度、频率维度、情境约束维度上的得分均值较为理想，但是，不论在处理对己基本范畴的情境约束维度下的诚信行为，还是对他基本范畴的情境约束维度下的诚信行为，发展水平都较低。这表明，小学生在不同情境下对诚信观的认知尚存在不

---

[1] 傅维利，王丹等．诚信观的构成及其对诚信教育的启示 [J]．教育研究，2010 (1)：44–49.

足。其三,在对诚信价值的评价上虽然在全班得分均值上能够表明小学生能够认识到诚信品德对于个体发展和社会发展的价值,但是仍然有一部分小学生对诚信价值的评价上的Z分数为负值,说明在小学生群体中还存在着不能正确评价诚信品德价值的现象。因此,学校诚信教育应该更加重视诚信观教育,将有关诚信的概念、对诚信行为的评价标准以及对诚信的评价等方面进行更加系统的教育和引导。

第二,促进小学生日常诚信行为向利他目的取向的发展。在发展小学生形成正确的诚信观的同时,还应该采取相应的专门方法,培养小学生的利他行为发展及其背后的利他目的取向的养成。其一,对小学生进行有针对性的移情训练。当前心理学界的大多数研究都倾向于支持儿童移情能力与其利他行为的表现之间存在着正相关。所谓移情,就是指个体能够设身处地地理解和分享他人情绪情感状态的能力。有学者对小学阶段儿童的移情发展特点进行了研究,并认为:整个小学阶段的儿童,基本都能够正确地识别不同情境故事中主人公的情绪情感;但是,随着年级的增长,儿童的移情水平不断提高;儿童移情水平的提高与其认知能力的发展存在着显著性相关;随着年级的增长,儿童移情"从关注外在事件的认知移情"向"关注人物内部心理状态的认知移情"发展。[①] 也就是说,移情在整个小学阶段处在不断地发展过程中,不仅在量上不断地提高,而且在质上也逐渐趋向于感知到他人内部心理感受上去。因此,这就要求我们应该以发展的思想来引导小学生移情能力的发展,这主要逐渐由侧重于引导小学生对于诚信事件本身的移情,逐渐向侧重于引导小学生对于诚信关系的其他参与者的内部心理感受的移情上去,帮助小学生认知和体验到由于违背了诚信准则而引发的他人内心的痛苦,以及由此带给自己的消极情绪体验的来源,从而使得具有诚信知行冲突的小学生所感知到的消极情绪体验升华到真实地关系和由此带来的移情上去。

其二,对小学生进行有针对性的社会观点采择能力的培养。社会观点采择是儿童社会认知发展中的重要部分,是对他人不同观点进行协调的能力。李幼穗总结提出观点采择与儿童社会性发展的关系:空间观点采择在儿童的社会沟通中发挥作用;观点采择有助于调整儿童自身的评价与反应;观点采择能够改善儿童的人际关系;儿童的社会行为受多种因素的制约,其中观点采择是认知因素中的关系;观点采择的发展与观点采择能力的提高是儿童道德发展的直接推动力量;儿童观点采择能力的发展对其自我意识的发展也具有作用。[②] 近年来心理学界有关

[①] 苏金连. 小学儿童的移情特点研究 [D]. 长春:东北师范大学,2010.
[②] 李幼穗. 儿童社会性发展及其培养 [M]. 上海:华东师范大学出版社,2004:195-198.

观点采择与利他行为关系的研究也已经取得了一定的成果,如库姆恩(Kumrn)等[①]的研究发现观点采择能力直接影响着利他行为的表现;另外一项研究则表明,[②] 在观点采择对利他行为的影响中,情感的观点采择发挥着主要作用。因此,为了促进小学生日常诚信行为向利他目的取向的发展,应该通过提供给小学生丰富而足够的社会生活经验,培养其观点采择的能力,这主要可以通过优化家庭环境,例如,父母教养方式的改善,和谐家庭氛围的创造等;增强同伴互动,例如,鼓励小学生进行模拟社会游戏,自己解决同伴间冲突等;学校设置专门训练课程或与"品生""品社"课程内容相结合的社会性戏剧表演等形式,促进小学生社会观点采择能力的发展。

其三,对小学生进行有针对性的利他道德推理教育。道德推理是有关考量人的观念和行为正当性的道德认知活动。从皮亚杰的对偶故事法开始,到科尔伯格的两难故事法,无不对个人有关道德推理发展历程进行细致的研究。然而,到了20世纪80年代左右,美国心理学家艾森伯格(N. Eisenberg)指出了科尔伯格两难故事法存在的问题,即科尔伯格两难故事法仅仅考查了道德判断的一个方面——禁令性道德推理,这与其材料中涉及的法律、权威等有关。因此,艾森伯格重新设计出亲社会两难情境来研究儿童的利他道德推理。亲社会两难情境要求"一个人必须在满足自己的愿望、需要和(或)价值与满足他人的愿望、需要和(或)价值之间作出选择"。[③] 通过相关研究,艾森伯格归纳总结出儿童亲社会道德判断的五个阶段。阶段1:享乐主义的、自我关注的推理;阶段2:需要取向的推理;阶段3:赞许和人际取向、定型取向的推理;阶段4a:自我投射性的移情推理;阶段4b:过渡阶段;阶段5:强有力的内化推理。艾森伯格的研究得到了其他国家的一系列研究的支持,具有一定的普遍性。对于我国而言,已有研究表明,在小学阶段,一二年级的小学生主要处于阶段1和阶段2上,小学三年级儿童38%处于阶段3,31.2%处于阶段4;中高年级仍然以阶段3和阶段4为主,极少出现阶段5的情况。[④⑤] 由此可以发现,小学生对利他行为的道德推理具有阶段性和发展性,这表明针对不同阶段的小学生的诚实教育有所区别;当小学生

---

① Kumrn, Asiye. Prosocial behavior within the family context and its correlates among Turkish early adolescents [D]. America: the university of Nebraska, 2002.

② Patricia, Oswald. The Effects of Cognitive and Affective Perspective Taking on Empathic Concern and Altruistic Helping [J]. The Journal of Social Psychology, 1996, 136 (5): 613 – 623.

③ Nancy Eisenberg-berg. The development of Children's Prosocial Moral Judgement [J]. Developmental Psychology, 1979, 15 (2): 128 – 137.

④ 程学超,王美芳. 儿童亲社会道德推理的发展研究 [J]. 心理科学,1992 (3): 13 – 17.

⑤ 俞志芳. 小学生亲社会道德推理发展水平的研究 [J]. 当代教育论坛,2005 (8): 72 – 74.

发展到阶段3、阶段4时，他们的诚信行为与其具备的善恶、好坏等定型观念、他人的赞许和认可以及移情等多个方面相关，因此，促使小学生实现诚信知行积极一致地转换，特别是针对具有诚信知行冲突的小学生而言，帮助他们克服冲突而推动诚实知行积极一致地转换涉及众多因素，教师应该对每一个方面都有所考虑，而不应该仅仅关注是否表现出某种行为。

（三）提升小学生人际关系因素的水平和能力

人际关系因素对小学生诚信知行转换的影响主要包括以下两种情况：一是学生受交往对象亲疏关系的影响没有实现诚信知行积极一致地转换，二是学生不受交往对象亲疏关系的影响实现了诚信知行积极一致地转换。道德是一套调节人际关系的系统，这是它与纪律、法律等相同的功能；不同的是，道德既被用来调节人际关系，又深受人际关系的影响，它的维持同样要依靠人际关系，如当某个体想要做出非道德的行为时，他会考虑到这样做后会不会引起周围其他人的舆论谴责，或者被他人所疏远。这都反映出道德与人际关系的密切联系。如前所述，人际关系，如亲子关系、师生关系或友谊关系等，更加影响个体的行为决策。在人际关系与个体道德发展的关系中，皮亚杰的研究颇具代表性。他认为儿童道德的发展与其在人际关系中的相互交往和合作密不可分，他们会通过各种道德行为来协调不同人际关系，从而打破"自我中心性"和促进道德规则的内化。皮亚杰之后，科尔伯格在提到"公正团体"时，同样认为儿童通过人际关系而获得"角色承担的机会"，促使他们在与他人相互作用中将他人的观点、期望、要求以及评价纳入到自己信守社会道德规范的内部动力中，从而学会正确掌握社会道德规范。因此，针对本书研究的既有结果而言，强调重视帮助小学生建立稳定而和谐的人际关系，就是突出了人际关系之于小学生诚信品德发展的重要性上，特别是对于处在诚信知行转换节点的小学生而言，稳定而和谐的人际关系有利于减少他们对于外部环境的种种猜测和顾虑，特别是人际关系方面的消极影响，从而能够缓解或者消除上述的两个因素对其诚信知行转换的阻碍效果，也就从而为实现小学生实现诚信知行积极一致地转换提供了推动力。

"环境包括促成或阻碍、刺激或抑制生物的特有的活动的各种条件。水是鱼的环境，因为水对鱼的活动、对它的生活是必需的。"[①] 良好的学校人际诚信交往环境就是对实现小学生积极的诚实知行转换所必需的。在真实的学校人际诚实交往中，小学生的诚实认知才得以真正面对实践和问题，小学生的诚行行为才行

---

① 杜威，王承绪译. 民主主义与教育 [M]. 北京：人民教育出版社，1990：13.

以真正表现，从而也就可能出现某一真实的道德冲突，因而才需要小学生去突破原有的诚实知行发展水平，推动其道德成长。

第一，学校和教师应该重视构建和保护小学生良好的学校人际诚信交往环境，为实现小学生由诚信认知向诚信行为积极一致地转换奠定环境基础。在实际的诚信交往中，小学生"所做的和所能做的事情，有赖于别人的期望、要求、赞许和谴责。一个和别人有联系的人，如果不考虑别人的活动，就不能完成他自己的活动。因为，这些活动是实现他各种趋势的不可缺少的条件。当他活动时，引起别人的活动；别人活动时，也引起他的活动。"[1] 因此，学校和教师为了实现小学生由诚信认知向诚信行为积极一致地转换，应该积极构建小学生人际交往中遵守诚信品德的交往环境，引导小学生在这一环境中形成良好的诚信认知，并约束或激励小学生的表现出相应的诚实行为，促进小学生诚信知行积极一致地转换，培养小学生的诚信品德。

第二，学校和教师应该重视真实的道德冲突对于促进处在诚实知行冲突转换节点的小学生的教育价值。学校和教师不仅要在实际的人际交往环境中，建构和保护小学生良好的学校人际诚信交往环境，更要重视对于促进处在诚信知行冲突转换节点的小学生最具教育价值的真实的道德冲突这一环境因素，因为只有当小学生处在真实的道德冲突这一环境时，他们的诚信认知才有可能得到检视，并发现自身所具有的诚信认知对于解决真实的道德冲突所不足的地方，他们的诚信行为才有可能真正的表现出来，并发现自身所表现出来的诚信行为与理想的（或宣称）的诚信认知之间存在着的差距。同时，只有处在真实的道德冲突中，小学生才有可能为了解决自身存在着的诚信知行冲突而做出努力。因此，学校和教师不仅要保护这一真实的道德冲突，还应该积极地营造这一真实的道德冲突，并在这一真实的道德冲突中引导和教育处在诚信知行冲突转换节点的小学生，促使他们在这一真实的道德冲突中解决问题、培养他们的诚信品德。

第三，学校和教师应该以影响小学生诚信行为为着眼点，培养小学生解决诚信知行冲突问题的实践能力。培养小学生解决诚信知行冲突问题的实践能力同样要求学校和教师能够积极地构建一个良好的学生人际交往环境，只有在良好的学生人际交往环境中，小学生的诚信行为才能够得以表现出来，而只有当小学生真实地表现出一定的诚信行为时，学校和教师才能够对小学生实际的诚信行为发展水平和如何开展适当的教育明晰。以影响小学生诚实行为为着眼点，就是强调学校和教师应该在真实的人际交往环境中，对小学生实际表现出来的诚实行为进行

---

[1] 杜威，王承绪译. 民主主义与教育 [M]. 北京：人民教育出版社，1990：14.

引导和教育，由改变小学生的诚实行为入手，帮助他们认识到自己所具有的诚实认知如何在实际的人际交往中表现出来，以及强调学校和教师在这一过程中，帮助小学生认识到如实的按照自己的诚信认知表现出来的诚信行为不止一种，他们可以根据对对象关系、利益预期等要素，合理的发挥自己的实践智能，从而更好地践行诚信品德。

第七章小结：

本书研究认为当前我国小学诚信教育在知行转换方面存在的问题包括两个方面：没有正确识别小学生诚信知行冲突；实现小学生诚信知行冲突转换的路径不得法。基于前述的既有成果，本书研究认为为了促进小学生诚信知行积极一致地转换，应该提高教师识别小学生诚信知行冲突及其转换节点的能力；应该对诚信知行冲突小学生进行有针对性的个别化教育；应该重视培养小学生内外调控因素、行为目的取向因素和人际关系因素。

结　　语

一、研究结论

基于本书研究初设的研究问题，笔者通过实证的和质性的研究方法，对小学生诚信知行冲突及其转换节点过进行了较为系统的研究，并得到以下结论。

第一，本书研究对小学生诚信知行冲突进行了系统的研究，并且通过实证研究和质性研究相结合的方式，论证了小学生诚信知行冲突的类型。本书研究认为，诚信知行冲突专指具备较高诚信认知发展水平的学生在与他人或社会的交往中未能频繁表现出与之相应的诚信行为，从而表征了其的诚信认知与诚信行为之间的矛盾关系。并且基于本书研究的统计测量结果分析，笔者发现小学生诚信知行冲突包括"假"的诚信知行冲突和真正的诚信知行冲突。"假"的诚信知行冲突问题是指具有高诚信认知发展水平的小学生表现出低水平的诚信行为仅仅是一种表象，这一表象误使我们认为小学生的诚信认知发展水平是"高"的，而其诚信行为发展水平是"低"的，因而存在着"高"与"低"的差距。与此相对，真正的诚信知行冲突则是指小学生在诚信认知各维度上均达到了较高发展水平，而在面对实际的诚信问题时，没有频繁地表现出与之相应的诚信行为。由本书研究显现的调查结果来看，这一群体的小学生在整个小学生群体所占比例较小。

第二，通过对具有诚信知行冲突典型被试的进一步研究，笔者发现影响小学生实现诚信知行积极一致转换的因素包括内外调控因素、行为目的取向因素和人际关系因素。内外调控包括外部监督和内部监控两个方面，并且可以置于一个以外部监督→内部监控为发展主导方向的标尺中。行为目的取向包括两种：一种是利己的目的取向，一种是利他的目的取向，并且可以置于一个以利己的目的取向→利他的目的取向为发展主导方向的标尺中。人际关系因素主要包括以下两种情况：一是学生受交往对象亲疏关系的影响没有实现诚信知行积极一致地转换，二是学生不受交往对象亲疏关系的影响实现了诚信知行积极一致地转换，并且可以置于一个以受交往对象亲疏关系的影响没有实现诚信知行积极一致地转换→不受交往对象亲疏关系的影响实现了诚信知行积极一致地转换为发展主导方向的标尺中。同时，从本书研究的结果来看，具有诚信知行冲突的小学生往往倾向于受到标尺前端的因素的影响，从而没有实现诚信知行积极一致地转换。也就是说，三组标尺中前端的因素一般会对小学生正确的诚信认知造成某种干扰，阻碍了诚信知行积极一致地转换；三组标尺中后端的因素则往往会对小学生正确的诚信认知发挥积极地支持作用，从而协助小学生实现诚信知行积极一致地转换。

第三，本书研究初步证明了在小学生诚信知行冲突转换过程中存在着一个关键节点。笔者在实际观察以及对典型被试的访谈中发现，当他们完全表征出诚信知行冲突问题之前，即已经由于受到上述标尺中前端因素的影响而表现出与其诚信认知不相应的诚信行为之前，某些外力因素的介入，能够引导或支持小学生继续按照自己所清晰认识到的诚信认知转换为相应的诚信行为，从而避免诚信知行冲突问题的出现，并实现由诚信认知向诚信行为积极一致地转换。因此，笔者认为，对于具备较高诚信认知发展水平的小学生，当其处在真实的诚信交往环境中面临现实的诚信问题时，在受到上述标尺前端因素的影响将要做出非诚信行为的决策或已经做出非诚信行为的决策但并未实际践行出来时，表征着诚信知行冲突转换节点的出现。识别并及时的、适当的引导和教育处在诚信知行转换节点的小学生，对于提高小学生诚信知行转换，促进小学生诚信品德的发展具有十分重要的意义。

二、研究不足与未来展望

但是，由于本书选题受理论假设、研究方法，以及笔者个人科研水平等的限制，本书研究还存在着一定的不足，是后续研究需要继续改进和深化的。

本书研究在诚信知行转换关系上采用了线性假设，即隐含着高诚信认知必然能够转化成高诚信行为。事实上，在诚信认知向诚信行为转换的过程中，尚可能存在着"黑箱"。也就是说，除了诚信认知之外，个体认知层面的其他因素也可以对个体是否做出诚信行为产生影响。在众多的解释道德知行关系的理论中，伊塞克·艾奇森（Icek Ajzen）的计划行为理论（Theory of Planned Behavior，TPB）较好地解释了个体认知层面的哪些因素共同影响了个体的行为选择。[1] 从信息加

---

[1] Ajzen I. *The Theory of Planned Behavior* [J]. *Organizational Behavior and Human Decision Processes*, 1991, 40 (4): 471.

工的角度出发，以期望价值理论为基础，艾奇森认为个体的行为意向受到个体知觉系统的影响。这一知觉系统包括行为态度、主观规范和知觉行为控制三个成分。其中，行为态度是个体对执行某一特定行为时喜爱/不喜爱程度的评估；主观规范是个体在做某一行为决策时感知到的社会压力，它反映了重要他人或团体对个体行为决策的影响；知觉行为控制是个体感知到执行某特定行为难易的程度。计划行为理论提出后被广泛应用并得到了研究结果的支持。然而，计划行为理论仍然存在着缺陷，其中之一就是它对日常生活中，有相同行为意向和知觉行为控制的个体实际表现出不同行为的现象仍然不能解释。戈尔维策（Gollwitzer, P. M.）指出计划行为理论所表明的是个体行为选择的动机倾向，而在意向（某种动机）与实际的行为之间，尚存在别的中介系统，使得个体能够更加明确地进行行为选择并最终表现出不同的行为。[1]

笔者认为，戈尔维策所指的中介系统实际上是指个体的道德决策系统。也就是说，个体仅仅具有某种行为意向还不足以使他表现出相应的行为，而只有经历了道德决策这一环节之后，个体才最终选择了做与不做或做到何种程度。道德决策是个体或组织面对某一道德问题时的选择程序。众多研究者提出了不同的理论模型，来解决哪些因素在影响个体或组织的道德决策。这些理论模型可以总结为三类：第一类模型强调个体的内部推理过程对道德决策的影响，计划行为理论就是这一类模型中的典型代表；第二类理论模型强调个体和组织情境因素对道德决策的影响，如人—境交互模型；第三类理论模型则是在整合以往不同的道德决策理论模型的基础上，提出的整合的理论模型，其中最为著名的典型理论模型是琼斯（T. M. Jones）的问题权变模型。[2]

琼斯通过分析以往的道德决策理论提出了问题权变模型（见图1），他指出当时已有的道德决策理论的最大缺陷是缺乏对道德问题本身的关注。事实上，除了个体的道德判断、道德意图等认知性因素外，个体对道德问题本身的认知也对个体的道德决策具有十分重要的作用。琼斯称个体对道德问题本身的压力或紧迫性，也即道德问题的重要程度的认知为道德强度（moral intensity）。道德强度是个体对道德问题的结果大小、社会共识、效应可能性、时间急迫性、接近度和效果集中度的考量。总之，道德强度关注道德问题本身，而非道德决策者或者组织情境等因素。

---

[1] Gollwitzer P M. *Implementation intention*：*Strong effects of simple plans* [J]. *American Psychologist*, 1999, 54 (7)：493–503.

[2] Jones T M. *Ethical decision making by individuals in organizations*：*An issue-contingent model* [J]. *Academy of Management*, 1991, 16 (2)：366–395.

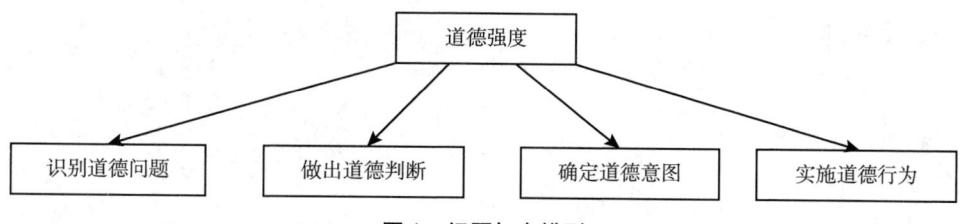

```
              道德强度
    ↙      ↙      ↘      ↘
识别道德问题  做出道德判断  确定道德意图  实施道德行为
```

图 1　问题权变模型

如前所述，当前我国中小学生在诚信知行方面经常表现出"知行不一"的问题，对该问题的解释主要有两种。一种解释是学生在认知诚信问题上受到价值期望、交往压力等因素的影响，例如学生对某一次考试之后父母的奖励或他人的认可的重视，可能导致他违背对诚信的认知而做出作弊行为；另一种解释则是学生面临诚信问题时受到特定的情境的影响。从琼斯的道德决策理论来看，中小学生诚信知行不一可能是他们在面临某一诚信问题而需要做出诚信行为决策时，他对诚信问题本身的重要程度进行了评价，并基于此评价来决定是否做或者表现出何种程度的行为。

教育理论研究的目的在于探求有关教育实践的原理、规律，从而指导教育实践更好地发展。但是在实践中，教育理论研究工作者与教育实践工作者之间的联系并不紧密，没能很好地合作，因而导致教育理论研究工作者的研究成果不能为教育实践工作者所接受，因而它的实践功能无法被赏识。本书研究的主旨直指道德教育领域中最为关键的一项内容，即培养小学生诚信品德。通过系统的研究过程，本书研究基本展示了小学生诚信知行冲突及其转换过程中存在着一个节点，即促进小学生诚信知行转换的关键时机，而当教师能够抓住这一时机进行适时而有效地引导和教育时，能够引发小学生诚信知行转换的良性发展。因此，在进一步的研究中，教师应该具备怎样的素质，才能够使他们及时地发现处在诚信知行转换节点的小学生，以及如何进行适时而有效地引导和教育，应该成为研究的关键点。

另外，在本书的研究过程中，采用了一些比较新的方法和技术，如社会网络分析法等，这些都源于本书研究的概念界定、理论假设。一方面，这些研究方法和技术本身之于德育研究、诚信教育研究还是一个新课题，其适用程度以及所能达到的效果还需要通过进一步的研究，才能够下结论；另一方面，由于这些新的方法和技术自身尚处在发展过程之中，它们存在着的问题在一段时间之内也无法得到根本解决，因此，是否能够突破本书研究的既定框架，更好地对本书研究问题进行系统的研究，也是未来研究一个重要的方向。

附录 1

儿童、青少年诚信观念调查问卷

同学们：

大家好！这是一份关于"诚信"看法的调查问卷，包括四个部分。

要求采用匿名的方式回答。答案无对错之分。我们会对调查结果严格保密，决不作为教师和学校评价个人的信息。希望你根据自己的真实想法如实回答下列问题。

非常感谢同学们的合作！预祝同学们平安快乐，学业有成！

基 本 情 况

回答提示

请在"_____"上填写你的实际情况，在符合你个人情况的选项处打"√"。

1. 年龄：_____周岁
2. 民族：_____
3. 性别：　A. 男　B. 女
4. 父亲学历：A. 初中及初中以下　B. 高中　C. 大专　D. 本科　E. 本科以上
5. 母亲学历：A. 初中及初中以下　B. 高中　C. 大专　D. 本科　E. 本科以上

第 一 部 分

回答提示

问卷中所有选择类题目，都只能选一个答案。请你在选项前的字母上打"√"。

问卷中所有排序类题目，每个选项都只能被排列一次。请你在题目下边横线的序号后面写上代表选项的英文字母。

1. 你听到过"诚信"这个词吗？

A. 没有听过　B. 不能确定，好像听过　C. 偶尔听到过　D. 有时能听到

E. 经常能听到

2. 你认为"诚信"的含义是什么？

A. 讲真话，不说谎　B. 听话，做个好孩子　C. 不违约　D. 相信别人

E. 处处为别人着想　F. 讲真话，不说谎，而且能说到做到　G. 尊重别人

3. 你觉得自己对于"诚信"这个词理解得清晰吗？

A. 不清晰　B. 不太清晰　C. 比较清晰　D. 清晰　E. 特别清晰

4. 如果你在守信（说话算数，不违约）方面做得很好，你会要求别人也在守信方面做得很好吗？

A. 绝对会　B. 多数时候会　C. 有时会有时不会　D. 多数时候不会

E. 绝对不会

5. 你可能为哪种利益去说谎？从"最有可能"到"最不可能"进行排序。（在题目下边顺序号后面写上选项的英文字母即可）

A. 为了学校的利益

B. 为了国家的利益

C. 为了个人的利益

D. 不管为了谁的利益，都不能说谎

E. 为了家庭的利益

1.＿＿＿＿　2.＿＿＿＿　3.＿＿＿＿　4.＿＿＿＿　5.＿＿＿＿

6. 你认为诚实（不说谎）和守信（说话算数，不违约）哪个更重要？

A. 诚实（不说谎）更重要　　　B. 守信（说话算数，不违约）更重要

C. 同样重要　　　　　　　　　D. 说不清楚

7. 请你按照重要程度由大到小，对下列品行进行排序。（在题目下边顺序号后面定上选项的英文字母即可）

A. 民主（对于大家共同的事，遵循少数服从多数的原则来决定）

B. 讲信用（说话算数，不违约）

C. 不做老师或家长不让做的事，以避免得到惩罚

D. 公平（对待每个人都一样）

E. 诚实（讲真话，不说谎）

F. 听家长和老师的话，做他们喜欢的好孩子

G. 自觉遵循社会规范（如上公交车要排除等）和国家的法律、法规

H. 乐于助人

1. ____ 2. ____ 3. ____ 4. ____ 5. ____ 6. ____ 7. ____ 8. ____

8. 如果你自己在诚实（不说谎）方面做得不够好，你会原谅别人的说谎行为吗？

　　A. 绝对会　　B. 多数时候会　　C. 有时会有时不会　　D. 多数时候不会

　　E. 绝对不会

9. 考试前所有同学都承诺"考试中不作弊"。但在考场上，李亮亮发现有同学在作弊，他觉得太不公平了。恰好这时有一道题难住了他，于是李亮亮也打开课本，抄写答案。你认为李亮亮的行为算不算守信？

　　A. 就是不守信

　　B. 要看情况，如果多数人都在作弊，李亮亮作弊就不能算不守信，否则就是不公平

　　C. 要看情况，如果有一半的人都在作弊，李亮亮作弊就不能算不守信，否则就是不公平。

　　D. 要看情况，如果已经有小部分人作弊，李亮亮作弊就不能算不守信，否则就是不公平。

　　E. 只要有人作弊，李亮亮的作弊行为就不能算不守信，否则就是不公平。

10. 今年上初二的陈诚和刘信是好朋友，双方曾约定为彼此的事保密。这学期刘信偷偷交了一个女朋友，班主任找陈诚调查情况。陈诚平时从不说谎，学校老师和同学们都十分信任他。这事儿让陈诚很为难。

　　A. 朋友之间不应当违约，无论发生什么事情，坚决不能揭发刘信交女朋友的事

　　B. 如果刘信和自己闹矛盾，就把他交女朋友的事告诉班主任

　　C. 如果刘信因交女朋友，成绩有所下降，就把他交女朋友的事告诉班主任

　　D. 如果刘信因交女朋友，影响到班风或班级荣誉，就把他交女朋友的事告诉班主任

　　E. 只要班主任老师问了，就把他的事告诉班主任

11. 班里要评选一名"诚信"标兵，有的同学推选王大明，有的同学推选李小松。

　　王大明的典型事迹是：下雪了，许多同学都迟到了。上课前，老师说："住得远，坐公交车上学的同学今天迟到可以不作检查，但住在学校附近的同学迟到了，必须站起来作检查。"王大明的家离学校比较远，他一直坐公交车上学，但昨晚却住在学校附近的奶奶家，因早晨贪睡也迟到了。平时王大明很爱面子，最怕作检

查，况且没人知道昨晚他住在奶奶家，可他还是站了起来向老师和同学作了检查。

李小松的典型事迹是：李小松与 10 位同学商量好，星期天下午 2 点到学校为新年晚会排练节目。可是不巧的是，星期天早晨叔叔给他送来一张歌星陈坤音乐会的门票。李小松最喜欢歌星陈坤了。但考虑到已经和同学们说好了，他还是让叔叔把票给了别人，准时参加了学校的节目排练。

如果让你参加"诚信"标兵的评选，你把票投给谁呢？

A. 王大明　　　B. 李小松　　　C. 我说不清楚，所以弃权

第 二 部 分

12. 你认为诚实对哪个方面最有价值？
    A. 个人　　　　　　　　B. 团体（如班级、学校、企业等）
    C. 社会（如城市、国家等）　D. 对哪个方面都没价值
13. 你认为在下列哪种情况下，自己可以说谎？
    A. 什么情况下都不能说谎
    B. 当说谎能给自己带来少许利益时
    C. 当说谎能给自己带来一些利益时
    D. 当说谎会给自己带来比较大的利益时
    E. 当说谎会给自己带来重大利益时
14. 你怎样判断自己是否是个说谎的人？
    A. 只要说过，就算
    B. 十次有两次说谎就算
    C. 十次有五次说谎就算
    D. 十次有八次说谎才算
    E. 每次都说谎才算
15. 在什么情况下，你最有可能用说谎来掩盖自己的错误？
    A. 做错了事，有很多人发现了
    B. 做错了事，有较多的人发现了
    C. 做错了事，有一些人发现了
    D. 做错了事，只有少数几个人发现了
    E. 无论何种情况，我都不会说谎
16. 在什么情况下，你会原谅他人的说谎行为？
    A. 什么情况下都不能原谅

B. 当此人的说谎行为能给他带来少许的利益时

C. 当此人的说谎行为能给他带来一些利益时

D. 当此人的说谎行为能给他带来比较大的利益时

E. 当此人的说谎行为能给他带来重大利益时

17. 你认为诚实（不说谎）重要吗？

A. 根本不重要　B. 不太重要　C. 比较重要　D. 重要　E. 特别重要

18. 你认为诚实对个人的最大价值主要表现在哪里？

A. 能给自己创建一个好的学习和生活环境（比如，能与同学、老师坦诚地交流，结交更多的朋友，等等）

B. 有助于自己更好的发展（比如，有助于自己更快地加入少先队、共青团等先进组织，等等）

C. 感觉做人坦荡，不会受到良心的谴责

D. 其他

19. 如果有人出现了对他人的说谎行为，作为旁观者，你会对哪些人表现出宽容？请按"最会宽容"到"最不会宽容"排列。（在题目下边顺序号后面写上选项的英文字母即可）

A. 亲人（父母、兄弟姐妹、叔叔、舅舅等）　B. 陌生人　C. 朋友

D. 同学　E. 老师

1.　　　　2.　　　　3.　　　　4.　　　　5.

20. 观察一下你周围的人，你认为什么样的人可以算得上是个诚实的人？

A. 每次都讲真话，从不说谎的人才算

B. 十次有八次讲真话的就算

C. 十次有五次讲真话的就算

D. 十次有两次讲真话的就算

E. 只要有一次讲过真话的就算

21. 在日常生活中，你更愿意对哪些人诚实？请按"最愿意"到"最不愿意"排序。（在题目下边的顺序号后面写上选项的英文字母即可）

A. 亲人（父母、兄弟姐妹、叔叔、舅舅等）　B. 陌生人　C. 朋友

D. 同学　E. 老师

1.　　　　2.　　　　3.　　　　4.　　　　5.

22. 你更看重诚实对团体（如班级、学校、企业等）价值的哪一方面？

A. 能帮助团体创建一个好的内部运行环境

B. 有助于团体中各个成员更好地发展

C. 有助于社会各个方面对于该团体的认可

D. 其他

23. 你认为在什么情况下，别人最有可能说谎？

A. 当谎言肯定不会被戳穿时

B. 当谎言有较大可能不会被戳穿时

C. 当谎言有可能被戳穿时

D. 当谎言有较大可能会被戳穿时

E. 当谎言肯定会被戳穿时

24. 如果你在路边碰巧拾到一个钱包，你将如何处置？

A. 不管谁在场，决不自己留下

B. 没有人在场的情况下，自己留下

C. 只有陌生人在场的情况下，自己留下

D. 熟人在场的情况下，自己也留下

E. 不管谁在场，都自己留下

25. 丁一学习成绩一直很好，但就是体育成绩上不来，所以一直没被评上三好学生。在今年的越野长跑测试中，如果能跑出 10 分钟以内的成绩，他今年就有望获得三好学生称号。眼看就要到 9 分钟，可离终点还有一段距离。情急之下，他抄了近道，最后用 9 分 30 秒完成了测试。当老师问道："你是按规定的路线跑的吗？"丁一回答"是"。

如果你是丁一，在什么情况下会像丁一那样去做？

A. 什么情况下，都会像丁一那样去做

B. 有可能被评上校级三好学生时

C. 有可能被评上区/县级三好学生时

D. 有可能被评上市级三好学生时

E. 什么情况下都不会像丁一那样做

26. 你认为哪些人对你应该更诚实？请按"最该诚实"到"可以不诚实"排序。（在题目下边的顺序号后面写上选项的英文字母即可）

A. 亲人（父母、兄弟姐妹、叔叔、舅舅等）　　B. 陌生人　　C. 朋友

D. 同学　　E. 老师

1.　　　　2.　　　　3.　　　　4.　　　　5.

第三部分

27. 你认为守信对哪个方面最有价值？

　　A. 个人　　　　　　　　　　B. 团体（如班级、学校、企业）

　　C. 社会（如城市、国家）　　D. 对哪个方面都没有价值

28. 你怎样判断别人是否守信（说话算数，不违约）？

　　A. 每次都不违约才算

　　B. 十次有八次不违约才算

　　C. 十次有五次不违约就算

　　D. 十次有两次不违约就算

　　E. 只要有过一次不违约就算

29. 如果有人出现了对他人的不守信行为，作为旁观者，你会对哪些人表现出宽容？请按"最会宽容"到"最不会宽容"排序。（在题目下边的顺序号后面写上选项的英文字母即可）

　　A. 亲人（父母、兄弟姐妹、叔叔、舅舅等）　　B. 陌生人　　C. 朋友

　　D. 同学　　E. 老师

　　1.　　　　2.　　　　3.　　　　4.　　　　5.

30. 你认为守信（说话算数，不违约）重要吗？

　　A. 根本不重要　　B. 不太重要　　C. 比较重要　　D. 重要　　E. 特别重要

31. 当守信需要你付出利益代价时，你还能不违约吗？

　　A. 肯定不能

　　B. 付出较小代价时才能

　　C. 付出一些代价时能

　　D. 会出较大代价时也能

　　E. 无论付出多大代价都能

32. 在什么情况下，你会原谅他人不守信的行为？

　　A. 什么情况下都不能原谅

　　B. 当此人的不守信行为能给他带来少许的利益时

　　C. 当此人的不守信行为能给他带来一些利益时

　　D. 当此人的不守信行为能给他带来比较大的利益时

　　E. 当此人的不守信行为能给他带来重大利益时

33. 你认为，在什么情况下他人最有可能守信？

A. 周围所有人都守信

B. 周围大多数人守信

C. 周围有人守信，有人不守信

D. 周围只有少数人守信

E. 周围人都不守信

34. 你怎样判断自己是否是个守信（说话算数，不违约）的人？

A. 每次都守信，从不违约才算

B. 十次有八次不违约才算

C. 十次有五次不违约就算

D. 十次有两次不违约就算

E. 只要有过一次不违约就算

35. 你认为哪些人对你应该更守信？请按"最该守信"到"可以不守信"请按"最该守信"到"可以不守信"排序。（在题目下边的顺序号后面写上选项的英文字母即可）

A. 亲人（父母、兄弟姐妹、叔叔、舅舅等）　B. 陌生人　C. 朋友

D. 同学　E. 老师

1.　　　2.　　　3.　　　4.　　　5.

36. 你更看重守信（说话算数，不违约）对个人价值的哪一方面？

A. 能给自己创建一个好的学习和生活环境（比如，能获得同学、老师的信任，结交更多的朋友，等等）

B. 有助于自己更好的发展（比如，有助于自己更快地加入少先队、共青团等先进组织，等等）

C. 感觉做人坦荡，不会受到良心的谴责

D. 其他

37. 你认为守信对团体（如班级、学校、企业）的最大价值主要表现在哪里？

A. 能帮助团体创建一个好的内部运行环境

B. 有助于团体中各个成员更好地发展

C. 有助于社会各个方面对于该团体的认可

D. 其他

38. 你认为，在什么情况下你最有可能守信？

A. 周围所有人都守信

B. 周围大多数人守信

C. 周围有人守信，有人不守信

D. 周围只有少数人守信

E. 周围人都不守信

39. 张东在路上看到一辆小轿车撞倒了一位陌生的老大爷。轿车逃跑了，他机警地记下车牌号。老大爷的家属赶来后，张东把事情的经过详细地讲了一遍。家属请求张东帮助他们去法庭作证，张东答应了。回家后，张东的家人都反对他去作证，怕惹来麻烦……你认为张东在什么情况下可以去法庭作证？

    A. 不管能不能惹来麻烦都不去了

    B. 如果作证只可能惹来较小的麻烦，就去

    C. 如果作证可能惹来一些麻烦，也去

    D. 即使作证可能惹来较大的麻烦，也去

    E. 已经答应人家了，人命关天，不论会遇到多大的麻烦都会去作证

40. 考试中，在什么情况下，你会有作弊的念头？

    A. 从来没有作弊的念头

    B. 监考老师不在场，作弊没有风险时

    C. 监考老师较为严格，作弊有些风险时

    D. 监考老师严格，作弊有较大风险时

    E. 监考老师特别严格，作弊有巨大风险时

41. 在日常生活中，你更愿意对哪些人守信（说话算数，不违约）？请按"最愿意"到"最不愿意"排序。（在题目下边的顺序号后面写上选项的英语字母即可）

    A. 亲人（父母、兄弟姐妹、叔叔、舅舅等）   B. 陌生人   C. 朋友

    D. 同学   E. 老师

1.　　　　2.　　　　3.　　　　4.　　　　5.

此问卷完！非常感谢您的参与。

附录 2

小学生日常生活诚信行为实地观察记录表

观察者：_____ 观察内容：_____
时间：_____ 地点：_____ 标号：_____

序号	实地笔记	个人笔记	方法笔记	理论笔记

附录 3

班级同学诚信行为调查问卷

同学们：

大家好！这是一份关于你在日常班级生活中与班级内同学发生的诚信行为的调查问卷，包括三个部分。

要求大家根据实际情况如实回答。答案无对错之分。我们会对调查结果严格保密，决不作为教师和学校评价个人的信息。

非常感谢同学们的配合！预祝同学们快乐成长，学业有成！

基本情况

回答提示

请在"_____"上填写你的实际情况，在符合你个人情况的选项处打"√"。

1. 年龄：_____周岁
2. 民族：_____
3. 性别： A. 男　　　　B. 女
4. 在班级中担任职务：_____

第一部分

回答提示

请你根据真实情况，在花名册中对应同学名字下方的空格中打"√"。

1. 你和班中哪些同学是好朋友？
2. 当你遇到困难，会向班中的哪些同学寻求帮助？
3. 当你遇到挫折不开心时，会向班中的哪些同学吐苦水？

（花名册部分略）

第 二 部 分

回答提示

请你根据最近 30 天与班级内同学发生的诚信行为的真实情况,在花名册中对应同学名字下方的空格中明确标注出诚信行为的发生次数。

1. 抄袭其他同学的作业。
2. 允许其他同学抄袭自己的作业。
3. 指出其他同学在学习或其他活动中犯的错误。
4. 没有指出其他同学在学习或其他活动中犯的错误。
5. 向同学承认自己犯了错。
6. 没有向同学承认自己犯了错
7. 答应同学不向老师告状。
8. 要求其他同学答应不向老师告状。
9. 考试时抄袭其他同学的答案。
10. 考试时允许其他同学抄袭你的答案。
11. 按照事先约定好的规则与其他同学做游戏。
12. 没有按照事先约定好的规则与其他同学做游戏。
13. 按照约定时间与同学见面。
14. 没有按照约定时间与同学见面。
15. 按时归还借同学的东西。
16. 没有按时归还借同学的东西。

(花名册部分略)

此问卷完!再次感谢你的参与。

附录 4

被试诚实行为一览表

学生编号	观察结果	访谈1	访谈2	访谈3	社网结果	实验1.1	实验1.2	实验2	诚实行为率（%）
1	否	是	是	否	是	否	否	是	57.14
2	是	否	是	否	是	否	否	是	57.14
3	是	是	是	是	是	是	否	是	92.86
4	是	是	是	否	是	是	是	是	85.71
5	否	是	是	否	是	否	否	是	57.14
6	是	是	是	是	是	否	否	是	85.71
7	否	是	否	否	否	否	是	是	37.71
8	是	是	是	否	是	是	否	是	71.43
9	是	是	是	否	是	是	否	是	78.57
10	是	是	是	是	是	否	否	是	85.71
11	否	是	是	否	是	否	否	是	57.14
12	是	是	是	否	是	否	否	是	71.43
13	是	否	是	否	是	否	否	是	57.14
14	否	是	否	否	否	否	是	是	35.71
15	是	是	否	否	是	否	否	是	57.14
16	是	是	否	否	是	否	否	是	57.14
17	是	是	是	否	是	否	否	是	71.43
18	否	是	是	否	否	否	是	是	50.00
19	是	是	是	是	是	是	否	是	92.86
20	是	是	是	否	是	否	否	是	71.43
21	是	是	是	否	是	否	否	是	71.43
22	是	否	否	否	是	否	否	是	42.86
23	是	是	是	否	是	否	是	是	78.57

续表

学生编号	观察结果	访谈1	访谈2	访谈3	社网结果	实验1.1	实验1.2	实验2	诚实行为率（%）
24	是	是	是	否	是	否	否	是	71.43
25	是	是	是	是	是	否	是	是	92.86
26	否	是	是	是	是	否	否	是	57.14
27	是	是	是	是	否	是	否	是	71.43
28	否	是	是	否	否	是	否	是	42.86
29	否	是	否	否	否	否	否	是	28.57
30	是	是	是	是	是	否	否	是	71.43
31	是	是	是	是	是	是	否	是	92.86
32	是	是	是	是	否	是	否	是	71.43
33	是	是	是	否	是	是	否	是	78.57
34	是	是	是	是	是	否	是	是	85.71
35	是	是	是	否	是	否	否	是	71.43
36	是	是	否	是	是	是	否	是	78.57
37	否	是	是	否	是	否	否	是	57.14
38	是	是	是	否	是	是	否	是	78.57
39	是	是	是	否	否	是	否	是	71.43
40	是	是	是	是	是	是	否	是	92.86
41	是	是	是	否	是	否	否	是	71.43
42	否	是	是	否	是	否	否	是	57.14
43	是	否	是	是	是	是	否	是	71.43
44	是	是	是	是	是	是	否	是	92.86
45	是	是	是	否	是	否	否	是	71.43
46	是	是	是	否	是	否	否	是	71.43
47	是	否	是	否	否	否	否	是	42.86
48	否	是	是	否	否	否	否	是	57.14
49	是	是	是	是	否	否	否	是	71.43
50	是	是	是	否	是	否	否	是	71.43
51	是	是	是	否	是	是	否	是	78.57
52	是	是	是	是	是	是	否	是	92.86
53	是	是	是	否	是	否	否	是	71.43

附录 5

被试守信行为一览表

学生编号	观察结果	访谈1	访谈2	访谈3	社网结果	实验1.1	实验1.2	实验2	守信行为率（%）
1	是	是	是	是	是	是	是	是	100
2	是	否	是	是	是	是	否	是	78.57
3	是	是	是	是	是	是	是	是	100
4	是	否	是	是	是	是	否	是	78.57
5	是	是	是	否	是	是	是	是	78.57
6	是	否	是	是	是	是	是	是	85.71
7	否	是	是	是	否	是	否	否	50.00
8	是	是	是	是	是	是	是	是	100
9	是	是	是	是	是	是	是	是	92.86
10	是	是	是	是	是	是	是	是	100
11	是	是	是	是	是	否	否	否	71.43
12	是	否	否	是	是	是	否	是	64.29
13	是	是	是	是	是	是	是	是	85.71
14	否	是	是	否	否	是	是	否	42.86
15	是	是	是	是	是	是	是	否	92.86
16	是	否	是	是	是	否	是	是	71.43
17	是	否	是	是	是	是	是	是	85.71
18	否	否	是	否	否	是	是	否	21.43
19	是	否	是	是	是	是	是	是	85.71
20	是	否	是	是	是	否	否	是	71.43
21	是	是	是	是	是	否	否	是	85.71
22	是	否	是	是	是	是	是	是	78.57
23	是	否	是	是	是	是	否	是	78.57

续表

学生编号	观察结果	访谈1	访谈2	访谈3	社网结果	实验1.1	实验1.2	实验2	守信行为率（%）
24	是	否	是	是	是	是	否	是	78.57
25	是	否	是	是	是	是	是	是	85.71
26	否	是	是	否	否	否	否	否	28.57
27	是	否	是	是	是	是	否	是	78.57
28	是	是	是	是	是	是	是	是	92.86
29	是	是	是	否	是	否	否	否	57.14
30	是	是	是	是	是	否	是	是	85.71
31	是	是	是	是	是	是	否	是	92.86
32	是	否	是	是	是	是	是	是	85.71
33	是	是	否	是	是	是	否	是	78.57
34	是	否	是	是	是	是	是	是	85.71
35	否	是	是	是	否	否	否	否	42.86
36	是	是	是	是	是	否	是	是	85.71
37	是	是	是	是	是	是	是	是	100
38	是	否	是	是	是	是	是	是	85.71
39	是	是	是	是	是	是	否	是	92.86
40	是	是	是	是	是	是	是	是	100
41	是	是	是	是	是	否	否	是	85.71
42	是	是	否	否	是	是	是	是	71.43
43	是	否	是	是	是	是	是	是	85.71
44	是	否	是	是	是	是	是	是	85.71
45	是	否	是	是	是	否	否	是	71.43
46	是	是	是	是	是	是	否	是	92.86
47	是	否	是	是	是	是	是	是	85.71
48	是	否	是	是	是	是	是	是	85.71
49	否	是	是	否	否	是	否	否	35.71
50	是	否	是	是	是	是	是	是	85.71
51	是	是	是	是	是	是	是	是	100
52	是	是	是	是	是	是	否	是	92.86
53	是	是	是	是	是	是	否	是	92.86

附录6

小学生诚信知行冲突状况一览表

序号	学生编号	诚信观发展水平		诚信行为发展水平		诚信知行冲突
1	1	诚实观	-0.02	诚实行为	-8.48	-1
		守信观	-0.40	守信行为	10.24	0
2	2	诚实观	1.38	诚实行为	0.96	2
		守信观	1.52	守信行为	3.23	2
3	3	诚实观	3.00	诚实行为	24.85	2
		守信观	6.63	守信行为	19.02	2
4	4	诚实观	-3.86	诚实行为	11.29	0
		守信观	-2.32	守信行为	-5.55	-1
5	5	诚实观	4.27	诚实行为	-8.48	0
		守信观	5.35	守信行为	-5.55	0
6	6	诚实观	9.02	诚实行为	2.11	2
		守信观	7.97	守信行为	5.17	2
7	7	诚实观	-3.00	诚实行为	-7.64	-1
		守信观	-2.47	守信行为	-14.24	-1
8	8	诚实观	0.59	诚实行为	-2.85	0
		守信观	0.04	守信行为	10.24	2
9	9	诚实观	5.10	诚实行为	11.73	2
		守信观	5.27	守信行为	10.33	2
10	10	诚实观	0.10	诚实行为	4.64	2
		守信观	4.70	守信行为	10.24	2

附录6 小学生诚信知行冲突状况一览表

续表

序号	学生编号	诚信观发展水平		诚信行为发展水平		诚信知行冲突
11	11	诚实观	2.11	诚实行为	-8.48	0
		守信观	-2.87	守信行为	-4.34	-1
12	12	诚实观	-1.31	诚实行为	5.92	0
		守信观	-0.65	守信行为	-1.84	-1
13	13	诚实观	0.68	诚实行为	-7.82	0
		守信观	-1.30	守信行为	6.37	0
14	14	诚实观	-3.59	诚实行为	-7.64	-1
		守信观	3.72	守信行为	-10.37	0
15	15	诚实观	5.87	诚实行为	0.96	2
		守信观	4.51	守信行为	10.33	2
16	16	诚实观	-1.01	诚实行为	-7.82	-1
		守信观	-10.08	守信行为	-9.41	-1
17	17	诚实观	-5.15	诚实行为	-2.85	-1
		守信观	2.84	守信行为	0.34	2
18	18	诚实观	4.65	诚实行为	-2.67	0
		守信观	8.19	守信行为	-19.31	0
19	19	诚实观	-2.34	诚实行为	16.07	0
		守信观	-2.32	守信行为	5.17	0
20	20	诚实观	-3.77	诚实行为	2.85	0
		守信观	-5.91	守信行为	-9.41	-1
21	21	诚实观	-3.76	诚实行为	-2.85	-1
		守信观	-9.39	守信行为	-2.32	-1
22	22	诚实观	1.22	诚实行为	-7.82	0
		守信观	1.10	守信行为	-5.55	0
23	23	诚实观	-2.74	诚实行为	2.95	0
		守信观	3.89	守信行为	-5.55	0
24	24	诚实观	6.01	诚实行为	-2.85	0
		守信观	3.54	守信行为	-5.55	0

续表

序号	学生编号	诚信观发展水平		诚信行为发展水平		诚信知行冲突
25	25	诚实观	5.52	诚实行为	10.45	2
		守信观	7.94	守信行为	5.17	2
26	26	诚实观	4.26	诚实行为	-8.48	0
		守信观	5.07	守信行为	-14.24	0
27	27	诚实观	-0.07	诚实行为	-2.85	-1
		守信观	-0.24	守信行为	-5.55	-1
28	28	诚实观	-2.80	诚实行为	-8.48	-1
		守信观	1.27	守信行为	1.55	2
29	29	诚实观	-0.09	诚实行为	-13.44	-1
		守信观	-3.58	守信行为	-9.41	-1
30	30	诚实观	-13.83	诚实行为	-2.85	-1
		守信观	-17.72	守信行为	-2.32	-1
31	31	诚实观	5.87	诚实行为	16.07	2
		守信观	4.51	守信行为	1.55	2
32	32	诚实观	4.23	诚实行为	-2.85	0
		守信观	3.53	守信行为	5.17	2
33	33	诚实观	5.12	诚实行为	2.95	2
		守信观	4.90	守信行为	-5.55	0
34	34	诚实观	0.40	诚实行为	4.64	2
		守信观	-5.23	守信行为	1.30	0
35	35	诚实观	-0.14	诚实行为	-2.85	-1
		守信观	-5.68	守信行为	-9.16	-1
36	36	诚实观	-5.49	诚实行为	11.73	0
		守信观	-3.40	守信行为	6.46	0
37	37	诚实观	-0.98	诚实行为	-8.48	-1
		守信观	-4.65	守信行为	5.42	0
38	38	诚实观	4.23	诚实行为	2.95	2
		守信观	-0.44	守信行为	5.17	0

附录6 小学生诚信知行冲突状况一览表

续表

序号	学生编号	诚信观发展水平		诚信行为发展水平		诚信知行冲突
39	39	诚实观	6.32	诚实行为	-2.85	0
		守信观	-0.54	守信行为	1.55	0
40	40	诚实观	3.19	诚实行为	10.45	2
		守信观	0.82	守信行为	10.24	2
41	41	诚实观	5.50	诚实行为	-2.85	0
		守信观	-9.85	守信行为	-2.32	-1
42	42	诚实观	-3.01	诚实行为	-8.48	-1
		守信观	-3.33	守信行为	-6.76	-1
43	43	诚实观	-0.27	诚实行为	-2.85	-1
		守信观	2.11	守信行为	5.17	2
44	44	诚实观	-3.90	诚实行为	24.85	0
		守信观	0.80	守信行为	13.94	2
45	45	诚实观	3.20	诚实行为	-2.85	0
		守信观	-6.66	守信行为	-5.55	-1
46	46	诚实观	3.50	诚实行为	-2.85	0
		守信观	10.19	守信行为	-2.32	0
47	47	诚实观	-2.18	诚实行为	-7.82	-1
		守信观	-1.85	守信行为	0.34	0
48	48	诚实观	-8.44	诚实行为	-8.48	-1
		守信观	-6.07	守信行为	0.34	0
49	49	诚实观	0.91	诚实行为	-2.85	0
		守信观	2.78	守信行为	-10.37	0
50	50	诚实观	-0.99	诚实行为	-2.85	-1
		守信观	7.04	守信行为	5.17	2
51	51	诚实观	-5.91	诚实行为	2.95	0
		守信观	0.40	守信行为	10.24	2
52	52	诚实观	-11.66	诚实行为	10.45	0
		守信观	0.57	守信行为	1.55	2
53	53	诚实观	-5.95	诚实行为	-2.85	-1
		守信观	-4.23	守信行为	1.55	0

附录 7

小学生诚信知行冲突访谈提纲

1. 你认为自己是"诚实，不说谎"的人吗？

1a. 请举一两个例子来说明。

2. ×××（时间）×××（地点）你做过什么（或没做过什么），你能回忆一下吗？

2a. 你认为自己当时这样做是对的吗？为什么？

3. 你在作出做（或不做）的决定时，都考虑过什么？

3a. 你在做诚信观问卷时，认为×××（利益预期/情境约束中的题目选项）是正确的，但是为什么在×××情况下，你没有能够表现出诚实行为（或表现出不诚实行为）呢？

4. 你在作出做（或不做）的决定时，体会到了什么样的心情？

5. 如果当时存在×××（通过上述访谈获得的某种可以制约被访谈者不表现出诚实行为或表现出不诚实行为的条件），你认为自己会怎么表现？为什么？

附录 8

小学生守信知行冲突访谈提纲

1. 你认为自己是"讲信用,说到做到"的人吗?

1a. 请举一两个例子来说明。

2. ×××(时间)×××(地点)你做过什么(或没做过什么),你能回忆一下吗?

2a. 你认为自己当时这样做是对的吗?为什么?

3. 你在作出做(或不做)的决定时,都考虑过什么?

3a. 你在做诚信观问卷时,认为×××(利益预期/情境约束中的题目选项)是正确的,但是为什么在×××情况下,你没有能够表现出守信行为(或表现出不守信行为)呢?

4. 你在作出做(或不做)的决定时,体会到了什么样的心情?

5. 如果当时存在×××(通过上述访谈获得的某种可以制约被访谈者不表现出守信行为或表现出不守信行为的条件),你认为自己会怎么表现?为什么?

附录 9

小学生诚信知行冲突访谈记录 1

受访者：11 号学生　　性别：男　　民族：汉
年龄：9 岁　　　　　　文化程度：小学四年级
访谈者：研究者本人　访谈时间：2015 年 10 月 13 日 15：00 至 15：45
访谈地点：×××小学　办公室

第一次访谈

访谈者：你认为自己是"诚实，不说谎"的人吗？
受访者：是。
访谈者：那你平时是怎么做的呢？能给老师举一两个例子吗？
受访者：让我想想。
访谈者：好的。在学校里的可以，在家里的也可以，只要你觉得自己做得很诚实的事情都可以当作例子。
受访者：在家里的时候，爸爸妈妈他们总是告诉我要诚实、要诚实，还给我讲很多故事让我知道不诚实的人是要受到惩罚的。所以我觉得诚实就是让他们高兴，不要惩罚我，所以我就什么事情都告诉他们，他们就觉得我是个诚实的孩子。
访谈者：嗯。那在学校呢？
受访者：在学校也是，老师就是教育我们一定要做一个诚实的、不说谎的学生，这样才是好学生。班里如果有人说谎，让老师知道了，老师就会批评他，扣他的"奖励卡"。我觉得那样挺丢人，所以我就说实话。反正老师问我什么，我就说什么，反正只要不惹老师生气就行。
访谈者：也就是说，你平时对人诚实都是为了让爸爸、妈妈或者老师开心或者不惩罚你吗？

受访者：差不多，也不全是。对于我的好朋友，比如×××、×××，我们几个也是无话不说的，因为我们是好朋友啊，好朋友是不能有事瞒着对方的。所以跟他们在一起的时候，我都是诚实的。

访谈者：好，那老师现在有个事想问你，你能诚实地告诉我吗？

受访者：嗯，可以吧。

访谈者：×××（时间）×××（地点）你做过什么，你能回忆一下吗？

受访者：那个时候快下课了呀，老师在分发奖励卡呀。

访谈者：嗯，是这样的。那你当时领了几张奖励卡？

受访者：三张。

访谈者：你应该领三张吗？

受访者：这个……这个……老师你知道啊！

访谈者：我知道什么啊？你愿意告诉老师吗？

受访者：其实我应该领一张的，因为那天早上该我值日，但是我迟到了，不过幸好老师那天也没有很早进班，所以就没有发现我迟到没值日的事。然后，我就差一张就可以集齐三十张奖励卡，然后从老师那里兑换礼物了。如果老师知道我迟到没有值日，所有的奖励卡就都会收回。太可惜了！

访谈者：你认为自己当时这样做是对的吗？为什么？

受访者：肯定是不对的啊，但是、但是兑换礼物太重要啦，我觉得……

访谈者：你觉得什么？放心，你尽管说，老师一定为你保密。

受访者：就是，我觉得为了兑换礼物，那样做也没有什么不对，反正我觉得反正别人也不会知道，又能得到礼物，我觉得值得。

访谈者：说谎也值得，是这个意思吗？

受访者：嗯，是的。

访谈者：你在作出举手的决定时，都考虑过什么？

受访者：也没有想什么吧，其实就是我也怕别人告发我，但是我又觉得得冒险试一下，万一没人知道呢，那么礼物不就到手了吗。

访谈者：你在做诚信观问卷时，认为×××（利益预期题目选项）是正确的，但是为什么在这次兑换礼物的情况下，你没有能够表现出诚实行为呢？

受访者：嗯，做题是做题啊，如果不那样写，万一让老师知道了，他肯定会批评我的！

访谈者：你怕老师批评你吗？

受访者：是啊

访谈者：老师批评是一件很严重的事情吗？

受访者：当然，惹老师不高兴，他就会告诉我爸爸妈妈，他们又会批评我，多烦啊！

访谈者：好。那我们再回到之前的话题上。你在作出举手的决定时，体会到了什么样的心情？

受访者：紧张呗，怕别人告诉老师。然后，就是心里挺不舒服的，其实我不想做个坏孩子，我想好好表现的，可是礼物也很重要啊！

访谈者：如果你知道老师知道你迟到了，你还会举手吗？

受访者：肯定不会啊，那不是往枪口上撞吗？

访谈者：为什么说是往枪口上撞呢？

受访者：你看，老师都知道了，你还说谎，他肯定更生气啊，那肯定就完了，肯定的。他一定会在操行评语里面写上这件事，那我爸妈不就知道了，到时候我可就遇到大麻烦啦！

第二次访谈

访谈者：老师想和你谈谈×××（时间）×××（地点）你做过什么，你能回忆一下吗？

受访者：嗯？没有吧，当时在上课啊，没什么事啊。

访谈者：那老师提醒你一下：当时老师是不是让你们分组讨论问题呢，然后你和×××、×××、×××同学分到一组。

受访者：对呀，怎么了？

访谈者：×××同学是说了什么？

受访者：他说错了呗。

访谈者：那你当时为什么没有指出他的错误呢？

受访者：这个事呀！嗨，我们俩是好朋友，这点错也不是什么大错，再说了，当场指出他的错误多不给他面子呀，万一他要是不跟我玩了怎么办？

访谈者：也就是说，你当时决定不指出他错误的时候，觉得他是你朋友，你要给他留面子，而且这也不是什么大错，对吗？

受访者：嗯，对呀。

访谈者：你在做诚信观问卷时，认为×××（对象中的题目选项）是正确的，但是为什么在你朋友犯错的情况下，你没有能够表现出诚实行为呢？

受访者：这个……我也不知道，我就是觉得他是我朋友，然后我怕他因为这件事记仇，不跟我玩了。要是他不跟我玩了，其他几个小朋友也可能会不带我玩了。

访谈者：那就是说，你是怕朋友们不跟你玩才没有指出来他的错误，这才是真正的原因，对吗？

受访者：是的。

访谈者：你在作出不指出×××错误的的决定时，体会到了什么样的心情？

受访者：其实我也很纠结，我想说，可是又怕他不跟我玩，挺着急的！

访谈者：那你觉得当时如果有什么条件，你会指出他的错误呢？

受访者：嗯……我想想。我觉得，可能如果老师在场，点名让我说，我可能会说。

访谈者：还有吗？

受访者：如果另外一个我们中的×××先说，我也可能会说。

访谈者：还有吗？

受访者：没有了吧。

访谈者：也就是说，如果有外界的什么帮助，帮你减轻了压力，让×××觉得不是你单独针对他，你就会指出他的错误，是吗？

受访者：嗯，应该是吧。

附录 10

小学生诚信知行冲突访谈记录 2

受访者：24 号学生　　性别：男　民族：汉
年龄：9 岁　　　　　　文化程度：小学四年级
访谈者：研究者本人　访谈时间：2015 年 10 月 15 日 15：00 至 15：45
访谈地点：×××小学　办公室

第一次访谈

访谈者：你认为自己是"诚实，不说谎"的人吗？

受访者：应该算是吧。

访谈者：怎么叫"应该算是吧"？

受访者：我也不知道算不算，反正大家都说我是，我就是吧。

访谈者："大家"？"大家"是谁呀？

受访者：我爸妈啊，老师、同学呗。

访谈者：那你能举几个例子解释一下吗？

受访者：这个啊……怎么说呢？

访谈者：你想到什么就说什么，在学校里的可以，在家里的也可以，只要你觉得自己做得很诚实的事情都可以当作例子。

受访者：在家就是听爸爸妈妈的话，有什么事都告诉他们。在学校就好好表现，不向老师说谎，答应同学的事情一定办到。就这些吧。

访谈者：嗯，你说的这些事确实有些能说明你是个诚实、不说谎的好学生。

受访者：嘿嘿嘿

访谈者：好，那老师现在有个事想问你，你能诚实地告诉我吗？

受访者：嗯，可以啊。

访谈者：×××（时间）×××（地点）你做过什么，你能回忆一下吗？

受访者：准备放学，领奖励卡啊！

访谈者：那你领了几张？

受访者：三张。

访谈者：你应该领三张吗？

受访者：这个……

访谈者：怎么了？为什么不说话了？

受访者：我……我不应该领三张的。

访谈者：那你能告诉老师这是怎么回事吗？

受访者：嗯。是这样的，中午在班里吃完小饭桌，老师让我们休息，然后说希望有同学可以自愿打扫一下卫生，然后他就走了。其实大家都没有休息，都在打闹。我看有几个同学在打扫卫生，我本来是想去帮忙的，可是我那几个朋友都没有去，我怕他们再觉得我是想出风头，就没有去。

访谈者：那你认为自己当时还举手领奖励卡，对吗？

受访者：我也不知道对不对。

访谈者：为什么？

受访者：我觉得反正老师也不知道，其他同学打打闹闹也没有太注意谁干过活，反而老师会觉得我干活了，会表扬我呀，而且还能多得奖励卡。反正我平时一直都表现特别好，我觉得这一次也没有什么吧，我也没有影响别人。

访谈者：你在做诚信观问卷时，认为×××（情境约束中的题目选项）是正确的，但是为什么在当时那个情况下，你表现出不诚实行为呢？

受访者：其实做题的时候觉得那也不是真的，反而要是让老师知道了，会觉得我是坏孩子的。

访谈者：老师的看法很重要吗？

受访者：对呀，我觉得非常重要。

访谈者：你在作出举手的决定时，体会到了什么样的心情？

受访者：很紧张，手心里全是汗，特别紧张。

访谈者：为什么紧张？

受访者：怕被人戳穿啊，那样多丢人啊，大家都会笑话我的。

访谈者：那你觉得当时如果有什么条件，你不会举手呢？

受访者：如果老师安排有负责的，我肯定不敢。如果让我负责，我就是没干，我也不会说谎的。

访谈者：还有吗？

受访者：没有了吧，我想不出来了。

第二次访谈

访谈者：老师想和你谈谈×××（时间）×××（地点）你做过什么，你能回忆一下吗？

受访者：开班会啊。然后，然后没什么特别的事啊，就是听呗。

访谈者：好，那老师提醒你一下，开班会之前你和×××去干什么了？

受访者：啊，这个啊……我不能说。

访谈者：为什么不能说。

受访者：因为我答应×××不能说。

访谈者：老师只是想了解这个事上你的想法，不是想追究什么。我保证我不会说出去，希望你能放心。

受访者：老师你真的不会说出去吗？

访谈者：我们在一起也几个月了吧，我骗过你吗？

受访者：也是，那你保证不能告诉任何人哈。

访谈者：好的，好的，我保证、保证。

受访者：那天中午，×××找我，说自己的语文作业没有做，要抄我的。然后他说，只要我给他抄，他那本《×××》就借我一周。我可是想那本漫画想了好久了，可是我爸妈就是不给我买。我想，反正抄就抄呗，我也没有损失，还能看到漫画书，就给他了。

访谈者：那你觉得给他抄作业对不对呢？

受访者：当然不对啦！

访谈者：那为什么还给他抄呢？

受访者：其实他很厉害的，不给他抄，说不定会揍我。而且他还肯借我漫画书，我觉得挺值得。

访谈者：那班会的时候，老师问有没有人抄作业，你为什么没有告诉老师呢？

受访者：肯定不能说啊，告诉老师这事不就等于告诉他我也参与了，我希望我在老师眼里一直是好学生的形象。

访谈者：你在做诚信观问卷时，认为×××（利益预期中的题目选项）是正确的，但是为什么在当时的情况下，你没有能够表现出诚实行为呢？

受访者：不一样啊，这是两回事！

访谈者：为什么是两回事？

受访者：做题嘛，谁知道一定会发生在自己身上，可是真发生了，谁不得为自己考虑考虑啊。

访谈者：也就是说，你当时不仅是为了保护×××，也是为了保护你自己才不诚实的？

受访者：对呀，说了肯定牵连我啊。

访谈者：那你当时体会到了什么样的心情？

受访者：就是心跳加速，害怕别人告诉老师，所以我就一直往周围看，但是发现大家好像都不知道这件事，我就放心了。

访谈者：那如果老师不是在班会上公开问大家，而是单独找你，你会告诉他实话吗？

受访者：嗯，应该会吧。

访谈者：为什么？

受访者：单独找，×××可能就不会猜到是我说的，这样我就敢说了。

访谈者：那如果你知道别的同学知道这件事，你会勇敢地承认吗？

受访者：嗯，不好说，那要看他会不会告诉老师了。

访谈者：如果他会告诉老师呢？

受访者：那我可能会先承认，毕竟先承认比老师来追问可能问题要轻一些吧。

附录11

小学生守信知行冲突访谈记录1

受访者：18号学生　　性别：男　　民族：汉
年龄：9岁　　　　　　文化程度：小学四年级
访谈者：研究者本人　访谈时间：2015年10月17日15：00至15：45
访谈地点：×××小学　办公室

第一次访谈

访谈者：你认为自己是"讲信用，说到做到"的人吗？

受访者：差不多吧。

访谈者："差不多"是什么意思？你能举一、两个例子吗？

受访者：嗯，就是我能按时到学校，不迟到；按时交作业；还有，老师安排的事情我都按时完成。

访谈者：嗯，这已经非常好了。那对爸爸妈妈呢？

受访者：我答应他们好好学习，我就好好学习啊。不过，嘿嘿，我成绩好了，他们也会给我买东西的。

访谈者：也就是说，你觉得讲信用应该是相互的，是吗？

受访者：嗯，对呀，就是要相互信任嘛！

访谈者：好，老师现在想问你个事情，我们能够相互信任吗？

受访者：嗯，先看看什么事情吧。

访谈者：好吧。×××（时间）×××（地点）你做过什么，你能回忆一下吗？

受访者：嗯，好像是老师让班里同学自愿报名从家里拿×××吧。

访谈者：对，你当时举手报名了吗？

受访者：报了呀！

访谈者：然后呢？

受访者：然后……然后……然后我没有带来。

访谈者：你认为自己当时这样做是对的吗？为什么？

受访者：唉，当时大家都积极举手，我也得积极表现啊，我得做个好学生啊。

访谈者：那你为什么没有按照约定把×××带来呢？

受访者：我家是有，但是那是我爸爸的，平时连我都不让碰，更别说带到学校里了。让他知道了，非打我一顿不可。

访谈者：你怕你爸爸打你，所以没有带来，是吗？

受访者：对呀。

访谈者：那你当时为什么要举手报名呢？

受访者：不是说了吗？因为大家都积极举手报名，我不能落后。反正他们肯定有人能带来。

访谈者：那你究竟觉得自己做的对不对呢？

受访者：肯定不对啊，可是当时那个情况，我也没有考虑那么多。

访谈者：也就是说，你在作出举手报名的决定时，什么也没有考虑吗？

受访者：嗯，也不完全是吧，我也想着跟我爸爸说，说不定他一开心能给我呢。可是那周的数学随堂测验我考砸了，我可不敢这个时候跟他说了，他非打我不可。

访谈者：也就是说，如果有可能，你本来是会履行约定的，对吗？

受访者：嗯，应该是的。

访谈者：你当时没有履行约定时，体会到了什么样的心情？

受访者：很懊恼，要是我爸爸不是那么凶，要是那周我能考好，也许我就能够说到做到。我也不想这样的。

访谈者：嗯，老师也相信你，如果有条件的话，你一定会做到的。

受访者：谢谢老师。

第二次访谈

访谈者：我想向你确定一件事情，可以吗？

受访者：嗯。

访谈者：×××（时间）×××（地点）你做过什么，你能回忆一下吗？

受访者：嗯，去参加学校合唱比赛，我迟到了。

访谈者：你认为自己当时这样做是对的吗？

受访者：不对

访谈者：为什么？

受访者：老师都安排好了，我还迟到，我差点让班里丢了荣誉。

访谈者：因为你的过错差点让班里丢了荣誉，你觉得很严重吗？

受访者：是啊，特别严重。事后老师还在班会批评了我。我很难过。

访谈者：你当时为什么会迟到呢？

受访者：中午回家吃饭，然后下午来上课的路上，我进漫画书店看书来，然后就看忘记时间了。

访谈者：然后呢？

受访者：然后我突然想到老师要求我们一定要提前到学校，排队去阶梯教室，我就一口气跑到学校了。

访谈者：你在做诚信观问卷时，认为×××（情境约束中的题目选项）是正确的，但是为什么在知道参加比赛要按时到校情况下，你没有能够表现出守信行为呢？

受访者：嗯，就是贪玩把时间给忘记了。

访谈者：你平时总是会这样忘记时间吗？

受访者：有时会，确实是给忘记了。

访谈者：当时你在看漫画书发现迟到的时候，体会到了什么样的心情？

受访者：很紧张，赶紧往学校跑，然后边跑边想怎么跟老师说啊，他中午放学的时候还专门提醒我们几个回家吃饭的人，中午一定不要迟到。我越想越紧张啊。

访谈者：那对于自己看漫画书忘记时间这事呢？

受访者：唉，太后悔了。让老师知道就麻烦了。

访谈者：那你后悔的究竟是看漫画书而迟到，不是害怕老师知道了之后有麻烦？

受访者：都有吧。反正迟到肯定是不对的，但是让老师知道为什么迟到就会很麻烦。

访谈者：那如果当时有同学提醒你快到时间了，你会放下漫画书，赶到学校吗？

受访者：嗯，肯定会的，我就是自己一个人，忘记时间了，如果有人提醒，肯定不会迟到的。

访谈者：嗯，老师愿意相信你，那你以后能努力做个守时的学生吗？

受访者：嗯，我一定努力！

附录 12

小学生守信知行冲突访谈记录 2

受访者：46 号学生　性别：女　民族：汉
年龄：9 岁　　　　文化程度：小学四年级
访谈者：研究者本人　访谈时间：2015 年 10 月 19 日 15：00 至 15：45
访谈地点：×××小学　办公室

第一次访谈

访谈者：你认为自己是"讲信用，说到做到"的人吗？

受访者：当然是。

访谈者：很肯定的回答嘛！很好，那你能给老师举几个例子来说明一下吗？

受访者：我每天都能按时到学校，从来没有过迟到现象；然后，老师布置的作业我都按时交；我是学校合唱队的，每次活动，我都按时参加活动。

访谈者：嗯，确实是个讲信用，说到做到的学生。那在家里对爸爸妈妈也能这样吗？

受访者：对呀，我答应爸爸妈妈好好学习呀，我就好好学习；我答应他们期末拿到"三好"，我就拿到"三好"了啊。

访谈者：你真是非常优秀的学生。那你说到做到，爸爸妈妈会奖励你吗？

受访者：当然，我答应他们的时候，他们就告诉我会有奖励了。我觉得这是我应得的啊！

访谈者：嗯，你说的也有一定道理啊。

受访者：必须的啊，老师。

访谈者：那老师能问你个事情吗？

受访者：嗯，你说吧。

访谈者：×××（时间）×××（地点）你做过什么，你能回忆一下吗？

受访者：嗯，好像是老师让班里同学自愿报名从家里拿×××吧。
访谈者：对，你当时举手报名了吗？
受访者：当然报了。
访谈者：然后呢？
受访者：然后……我就忘记带来了。
访谈者：你觉得自己这样做对吗？
受访者：其实不能怪我。
访谈者：为什么？
受访者：我确实给忘记了，那天下午合唱队加了一次排练，很晚才回家。我也没有收拾书包。第二天早上又起晚了，就赶紧出门。就把带×××的事给忘记了。
访谈者：也就是说，你不是故意不带的是吗？
受访者：对呀，我肯定不是故意的啊。
访谈者：你在举手报名的时候，没有想到自己会遇到这么多事吗？
受访者：也不是，我提前就知道要排练了，只是没有想到会那么晚。
访谈者：也就是说，其实也不是有突发事件耽误了你带东西，对吧。
受访者：嗯，应该是吧。其实是可以记着的。
访谈者：你后来发现自己忘记带了吗？
受访者：嗯，到了学校别人拿出来，我就发现了。
访谈者：那你当时体会到了什么样的心情呢？
受访者：好着急啊，埋怨自己怎么给忘记了呢。老师知道了一定会不开心的。
访谈者：老师的评价对你很重要吗？
受访者：对呀，当然非常重要。
访谈者：那你害怕他告诉你爸爸妈妈吗？
受访者：嗯，其实不害怕，毕竟他们知道情况啊。
访谈者：那你怕老师什么？
受访者：我是文艺委员，老师要是不喜欢我了，觉得我不诚实怎么办？
访谈者：你觉得你如实地告诉他，他会不相信你吗？
受访者：不知道啊，当时就是特别担心。
访谈者：那你当时告诉他了吗？他怎么说？
受访者：我告诉他这些情况，他也知道我去排练了，所以只是让我以后注意。

访谈者：那你觉得如果当时存在什么情况，或者不存在什么情况，你认为自己会遵守承诺，把×××带来呢？为什么？

受访者：我觉得如果有人时刻提醒我，就好了，我肯定就不会忘记了。

访谈者：除了依靠别人提醒，还有吗？

受访者：没有了吧。

访谈者：为什么不依靠自己呢？

受访者：如果我自己能记住，就不会忘记带了呀。

第二次访谈

访谈者：我想向你确定一件事情，可以吗？

受访者：嗯。

访谈者：×××（时间）×××（地点）你做过什么，你能回忆一下吗？

受访者：参加学校合唱比赛啊，怎么了？

访谈者：你迟到了吗？

受访者：嗯，这个，我不知道。

访谈者：为什么会不知道呢？

受访者：因为我不能说。

访谈者：你怕我会告诉别人，还是别的什么原因？

受访者：嗯，怕你告诉别人。

访谈者：那老师向你保证，除了我们俩之间，我不会告诉任何人的好不好？如果我说出去，我们就不能做好朋友了对吧，我也会特别难过的。我可舍不得少了你这个朋友，所以请你相信我，好吗？

受访者：好吧，我就暂时相信你哈。

访谈者：我是值得信任的。现在能告诉我了吗？

受访者：嗯，其实我没有迟到。

访谈者：没有迟到？可是班主任告诉我，你迟到了。开班会的时候不也是这么说的。

受访者：所以我感觉很委屈啊。

访谈者：到底是怎么回事？

受访者：那天其实我早到了，在班里和其他同学玩，他们能够为我证明的。但是后来，×××来找我，让我陪她去学校门口买个新发卡，我一想还有时间，就答应了。

访谈者：然后呢？

受访者：谁知道出去之后，没有她想要的样式。我就说赶紧回去吧，别晚了。她说没事，她又拉着我去远一点的小卖部去买，然后挑了好久。回来的路上就发现晚了。但是她让我保守秘密，要不然肯定是她一个人被老师惩罚。

访谈者：那你就答应她了？

受访者：对呀，我们是好朋友啊！

访谈者：然后，你们回来就迟到了，班主任老师就点名批评你了是吗？

受访者：嗯啊，是的。

访谈者：那这里面其实就是两件事，一是你没有按时参加活动迟到了，另一件是你答应×××没有把实情告诉老师，对吗？

受访者：对。

访谈者：你认为自己这两件事做得对吗？为什么？

受访者：我也不知道，其实我觉得迟到那件事不完全怪我，然后答应×××也无所谓对错吧，毕竟是好朋友。如果我不遵守约定，以后他们都不会跟我玩了。反正我也不知道是对是错。

访谈者：你在陪×××去的时候，考虑过会迟到吗？

受访者：没有，我觉得应该很快就能回来的。

访谈者：那么在第一个小卖部，快迟到了，为什么不赶紧回来？

受访者：她非要去，我也不能一个人回来啊？

访谈者：为什么不能一个人回来呢？

受访者：她肯定会生气啊，回来肯定拿这个说事，别人怎么看我呀？

访谈者：为了别人对你的看法，你就决定继续陪着她吗？

受访者：对呀，万一大家都不和我玩了，怎么办？

访谈者：嗯，原来是这样，你很害怕别大家孤立对吗？

受访者：嗯，是的。

访谈者：你在做诚信观问卷时，认为×××（情境约束中的题目选项）是正确的，但是为什么这次就宁愿迟到也要这样做呢？

受访者：做题嘛，又不是真的，没啥感觉；可是真是遇到了，肯定得考虑很多事情呀？

访谈者：嗯，的确是这样。那你当时体会到什么样的心情呢？

受访者：其实应该说是"左右为难"吧。我不想迟到，又不想不陪她，又答应她不说出去，其实很难受的。

访谈者：嗯，老师可以理解。因为我也曾遇到过类似的情况。其实真的让人很头疼的，对吗？

受访者：对呀，唉，不过幸好老师没有怎么批评我们。

访谈者：那你觉得如果当时存在什么情况，或者不存在什么情况，你认为自己不会迟到？为什么？

受访者：我觉得还是应该先把集体的事情放在第一位，为了朋友吧，其实怎么说呢，如果真是好朋友，我不陪她，她也会理解的。如果不能理解，可能也不能算是好朋友了吧。

访谈者：我觉得你说的很对，也就是说，其实还是你自己有时会欠考虑对吗？

受访者：嗯，应该算是吧。

参 考 文 献

一、中文参考文献

(一) 中文期刊

[1] 常宇秋,岑国桢.霍夫曼的道德移情及其功能述略[J].上海师范大学学报(教育版),2000(9):11-13.

[2] 常宇秋,岑国桢.6~10岁儿童道德移情特点的研究[J].心理科学,2003(2):219-223.

[3] 陈静欣,苏彦捷.儿童欺骗行为的发展[J].教育探索,2005(10):89-90.

[4] 陈芬.论人际交往诚信及其意义[J].广州大学学报(社会科学版),2005(12):60-63.

[5] 陈向明.参与式行动研究与教师专业发展[J].教育科学研究,2006(5):55-57.

[6] 陈陕,崔红,等.对青少年的期望:质化研究与量化研究的结合[J].西南大学学报(社会科学版),2009(1):7-11.

[7] 窦炎国.论道德认知[J].西北师范大学学报,2004(6):15-20.

[8] 董莉,沃建中.3~6年级小学生人际交往发展特点的研究[J].中国临床心理学杂志,2005(1):45-47.

[9] 丁海东.论儿童精神的自我中心主义[J].福建师范大学学报(哲学社会科学版),2006(2):151-155.

[10] 郭学文.构筑终身诚信教育体系[J].继续教育研究,2004(4):16-18.

[11] 傅维利.真实的道德冲突与学生的道德成长[J].教育研究,2005(3):13-16.

[12] 傅维利,刘磊.解析实践智力理论[J].心理科学,2006(3):724-728.

[13] 范兆兰,叶浩生. 动态评估:对传统智力测验的挑战和超越 [J]. 陕西师范大学学报(哲学社会科学版), 2006 (3): 124-128.

[14] 傅维利,刘磊. 论诚信教育的原则与方法 [J]. 教育科学, 2002 (4): 17-19.

[15] 傅维利,王丹. 小学低年级学生诚信知行冲突特征及教育建议 [J]. 教育科学, 2009 (2): 1-7.

[16] 傅维利,王丹,等. 诚信观的构成及其对诚信教育的启示 [J]. 教育研究, 2010 (1): 44-49.

[17] 胡朝兵,张大均. 国内外品德测评方法述评与展望 [J]. 中国教育学刊, 2008 (3): 40-44.

[18] 黄明理,王利军. 论公民道德知行关系张力的客观性与调适 [J]. 南京师范大学学报(社会科学版), 2014 (3): 5-12.

[19] 花勇. 历史关节点前沿研究述评 [J]. 国外理论动态, 2014 (11): 103-109.

[20] 焦国成. 关于诚信的伦理学思考 [J]. 中国人民大学学报, 2002 (5): 2-7.

[21] 姜正冬. 诚信的本质是什么?[J]. 山东师范大学学报(人文社会科学版), 2004 (4): 57-60.

[22] 李辉. 去自我中心化:个体心理发展的一般规律 [J]. 北京师范大学学报(社会科学版), 1992 (2): 98-103.

[23] 李林艳. 社会空间的另一种想象 [J]. 社会学研究, 2004 (3): 63-75.

[24] 刘阳,李静波. 论诚信教育——从诚信和诚信教育的基本概念谈起 [J]. 全球教育展望, 2004 (8): 15-18.

[25] 李成才,谭群瑛. 浅谈中小学诚信教育的现状与对策 [J]. 科教文汇, 2007 (4): 51-52.

[26] 李政涛. 论"教育田野"研究的特质——兼论田野工作中人类学立场和教育学立场的差异 [J]. 教育研究与实验, 2007 (6): 6-11.

[27] 刘磊,傅维利,等. 透视我国儿童、青少年的诚信价值取向 [J]. 教育科学, 2010 (4): 1-5.

[28] 李德显,傅维利,等. 儿童青少年认知性诚信观与意象性诚信观的一致性研究 [J]. 全球教育展望, 2010 (10): 39-46.

[29] 李德显,傅维利,等. 我国儿童、青少年诚信观发展现状研究 [J].

教育科学, 2011 (2): 1-7.

[30] 李德显, 洪云. 诚信的内涵考辨及其对学校诚信教育的启示 [J]. 教育理论与实践, 2012 (25): 38-42.

[31] 刘伟, 傅维利. 诚信知行的形成机制及其对高校诚信教育的启示 [J]. 教育研究与实验, 2013 (2): 49-53.

[32] 刘伟, 傅维利. 我国思想品德教材中的诚信知行缺位及改进对策 [J]. 当代教育科学, 2013 (12): 58-64.

[33] 李正海. 试论知行统一的中间环节 [J]. 学术界, 2013 (s1): 287-291.

[34] 刘源. 近代以来中小学德育教科书中诚信知行的缺位 [J]. 教育评论, 2015 (3): 151-154.

[35] 麻彦坤, 叶浩生. 维果茨基最近发展区思想的当代发展 [J]. 心理发展与教育, 2004 (2): 89-93.

[36] 彭泗清. 信任的建立机制: 关系运作与法制手段 [J]. 社会学研究, 1999 (2): 53-66.

[37] 秦金亮. 心理学研究方法的新趋向 [J]. 山西师范大学学报 (社会科学版), 2000 (7): 11-16.

[38] 任娟娟, 周晓霞. 国内社会网络分析研究述评 [J]. 理论与现代化 2012 (3): 109-115.

[39] 任道君. 浅谈德育时机及其运用策略 [J]. 教育理论与实践, 2012 (18): 40-42.

[40] 邵景进, 刘浩强. 我国小学生品德发展关键期研究的述评与展望 [J]. 心理科学, 2005, 28 (2): 412-415.

[41] 索凯峰. 略论经济类高校大学生诚信教育体系的构建 [J]. 武汉科技学院学报, 2006 (2): 94-96.

[42] 史冰, 苏彦捷. 儿童面对不同对象的欺骗表现及其相关的社会性特点 [J]. 心理学报, 2007, 39 (1): 111-117.

[43] 施侣婴, 陆琴, 常欣. 教育情境与社会赞许性对小学生诚实性行为的影响 [J]. 中国特殊教育, 2010 (2): 92-96.

[44] 申喆, 周策. 社会网络分析法在人际关系中应用的研究综述 [J]. 中国电化教育, 2013 (1): 201-202.

[45] 陶侃. 论知行范畴的逻辑起点 [J]. 绍兴师专学报, 1992 (4): 77-83.

[46] 涂永珍. 中西方"诚信"文化的差异及其现代整合 [J]. 伦理学研究, 2004 (5): 80-84.

[47] 汤汇道. 社会网络分析法述评 [J]. 学术界, 2009 (3): 205-208.

[48] 吴倩. 中小学生品德测评的信度、效度研究 [J]. 江西教育科研, 1997 (4): 44-46.

[49] 王健敏. 学生品德测评系统的改革与探索 [J]. 课程·教材·教法, 2002 (1): 39-43.

[50] 王穗苹, 陈新葵, 张卫. 动态测验: 当代智力测验的新发展 [J]. 教育理论与实践, 2003 (11): 50-53.

[51] 吴俊. 体悟: 道德知行转化的基础 [J]. 道德与文明, 2006 (2): 42-44.

[52] 王毓珣. 论德育中的知行关系 [J]. 上海教育科研, 2006 (4): 卷首语.

[53] 王东. 诚信观培养: 诚信教育的有效途径 [J]. 教育科学, 2008 (1): 82-85.

[54] 伍红林. 论基于教育学立场的教育田野研究——兼与人类学的比较 [J]. 教育理论与实践, 2008 (10): 8-11.

[55] 王丹. 基于学生诚信发展的诚信教育研究 [J]. 教育科学, 2008 (1): 86-90.

[56] 王丹, 傅维利. 诚信测量研究的若干问题 [J]. 教育评论, 2009 (5): 9-12.

[57] 王陆. 典型的社会网络分析软件工具及分析方法 [J]. 中国电化教育, 2009 (4): 95-100.

[58] 吴继霞, 黄希庭. 诚信心理学研究的理论思考 [J]. 西南大学学报 (社会科学版), 2010 (6): 7-12.

[59] 王潇潇, 曹文雯. 国外诚实研究的概述及展望 [J]. 东吴学术, 2011 (4): 39-43.

[60] 王东. 中小学生诚信观特点的实证研究 [J]. 鞍山师范学院学报, 2011 (5): 83-85.

[61] 吴继霞, 黄希庭. 诚信结构初探 [J]. 心理学报, 2012 (3): 354-368.

[62] 徐湘荷. 同伴交往对儿童品德发展的影响 [J]. 江西教育研究, 2002 (10): 12-13.

[63] 徐芬, 荆春燕, 等. 交往情景下个体对说谎的理解及其道德评价 [J]. 心理学报, 2002 (34): 74-80.

[64] 杨国荣. 从知行之辩看中国古代认识论的历史特点 [J]. 学术界, 1991 (3): 30-34.

[65] 杨中芳, 彭泗清. 中国人人际信任的概念化: 一个人际关系的观点 [J]. 社会学研究, 1999 (2): 1-21.

[66] 燕国才. 诚信教育的心理学问题 [J]. 江西教育科研, 2003 (1): 3-6.

[67] 杨方. 诚信内在结构解析 [J]. 伦理学研究, 2007 (4): 18-20.

[68] 杨依山. 当今中国人际交往诚信缺失的成本——收益分析 [J]. 理论学习, 2007 (5): 53-54.

[69] 叶浩生, 王继瑛. 质化研究: 心理学研究方法的范式革命 [J]. 心理科学, 2008, 31 (4): 794-799.

[70] 原琦. 维果茨基高级心理机能理论探析 [J]. 天津大学学报 (社会科学版), 2010 (3): 254-258.

[71] 余达淮, 刘静. 道德判断与道德行为关系研究的进展分析 [J]. 外国教育研究, 2011 (6): 91-96.

[72] 姚春. 对小学生说谎和欺骗行为影响因素的研究 [J]. 廊坊师范学院学报 (自然科学版), 2012 (5): 81-86.

[73] 周宗奎, 林崇德. 小学儿童社交问题解决策略的发展研究 [J]. 心理学报, 1998 (3): 274-280.

[74] 郑航. 当代西方德育视野中的道德认知观及其启示 [J]. 比较教育研究, 2002 (12): 7-11.

[75] 张向葵, 吴晓义. 认知发展机制研究的新进展 [J]. 心理科学, 2003 (1): 118-120.

[76] 张丽锦, 盖笑松, 等. 儿童认知发展动态测评 [J]. 心理科学进展, 2003, 11 (6): 651-657.

[77] 赵爱玲. 国内诚信研究综述 [J]. 道德与文明, 2004 (1): 68-71.

[78] 张洪波. 中国哲学史上知行观的论争 [J]. 安庆师范学院学报 (社会科学版), 2004 (5): 66-70.

[79] 周晓桂. 关于诚信的经济学诠释 [J]. 经济问题, 2004 (11): 14-16.

[80] 朱英萍. 诚信教育: 应对时代挑战的教育内容 [J]. 商丘师范学院学

报，2005（8）：151-152.

[81] 朱虹，马丽. 人际信任发生机制探索［J］. 江海学刊，2011（4）：122-127.

[82] 张丽锦，陈亮，方富熹. "儿童认知发展水平诊断工具"动态测验的初步编制与应用［J］. 心理学报，2011（9）：1075-1086.

[83] 赵丽霞. 当前我国中小学生基本道德品质调查研究［J］. 中国教育学刊，2012（7）：76-79.

[84] 钟启泉. 维果茨基学派儿童学研究述评［J］. 全球教育展望，2013（1）：11-31.

[85] 张传有. 人为什么知善而不行，知恶却为之——论一个道德动力学问题［J］. 东南大学学报（哲学社会科学版），2013（1）：20-22.

[86] 朱虹，刘晓陵，胡谊. 社会文化观下的教育心理思想——维果茨基的机能系统分析视角［J］. 全球教育展望，2013（3）：25-30.

[87] 钟柏昌，李艺. 社会网络分析在教育研究领域的应用［J］. 教育研究，2013（9）：25-32.

（二）中文论文

[1] 陈劲. 中国人诚信心理结构及其特征［D］. 重庆：西南大学，2007.

[2] 陈德枝. 基于认知诊断的小学儿童图形推理能力的动态评估研究［D］. 南昌：江西师范大学，2009.

[3] 丁晓攀. 欺骗行为的发展及其社会认知神经机制［D］. 上海：华东师范大学，2012.

[4] 范兆兰. 动态测评理论与应用研究——智力测验的新进展［D］. 南京：南京师范大学，2006.

[5] 韩月华. 生活教育视野中的未成年人诚信教育研究［D］. 北京：北京师范大学，2006.

[6] 何珊. 德育时机论［D］. 石家庄：河北师范大学，2010.

[7] 李胜男. 10~16岁儿童诚信价值观现状的心理学研究［D］. 上海：上海师范大学，2003.

[8] 刘伟. 诚信知行的形成机制与教育干预［D］. 大连：辽宁师范大学，2011.

[9] 麻彦坤. 维果茨基对现代西方心理学的影响［D］. 南京：南京师范大学，2005.

[10] 吴志华. 论学生实践能力发展［D］. 长春：东北师范大学，2006.

[11] 刘磊. 培养学生实践能力论纲 [D]. 大连：辽宁师范大学，2007.

[12] 王东. 论诚信观的培养 [D]. 大连：辽宁师范大学，2009.

[13] 王丹. 我国小学低年级学生诚信知行冲突的现状、原因及教育建议 [D]. 大连：辽宁师范大学，2009.

[14] 朱天. 社会网络中节点角色以及群体演化研究 [D]. 北京：北京邮电大学，2011.

[15] 王鑫. 人际交往诚信问题研究 [D]. 上海：华东师范大学，2014.

[16] 曾敏霞. 青少年道德自我概念与诚信行为关系的实证研究 [D]. 广州：广州大学，2012.

(三) 中文著作

[1] [波兰] 彼得·什托姆普卡. 信任：一种社会学理论 [M]. 程胜利，译，北京：中华书局，2005.

[2] [美] Barry H. Cohen. 心理统计学（第3版）（上）[M]. 上海：华东师范大学出版社，2011.

[3] 陈向明. 质的研究方法与社会科学研究 [M]. 北京：教育科学出版社，2000.

[4] 陈小勤. 小学诚信教育主题活动设计 [M]. 北京：中国轻工业出版社，2014.

[5] [美] 杜威. 道德教育原理 [M]. 王承绪，译，杭州：浙江教育出版社，2003.

[6] 费孝通. 学术自述与反思 [M]. 北京：三联书店，1997.

[7] 樊浩等. 中国伦理道德报告 [M]. 北京：中国社会科学出版社，2012.

[8] 郭秀艳，杨治良. 基础实验心理学 [M]. 北京：高等教育出版社，2005.

[9] 龚长宇. 道德社会学引论 [M]. 北京：中国人民大学出版社，2012.

[10] 黄秀兰. 维果茨基心理学思想精要 [M]. 广州：广东教育出版社，2014.

[11] [美] 吉利根. 不同的声音：心理学理论与妇女发展 [M]. 肖巍，译，北京：中央编译出版社，1999.

[12] [美] 科尔伯格. 道德教育的哲学 [M]. 魏贤超，柯森，译，杭州：浙江教育出版社，2000.

[13] [美] 科尔伯格. 道德发展心理学——道德阶段的本质与特征 [M]. 郭本禹，等译，上海：华东师范大学出版社，2004.

[14] 林崇德. 品德发展心理学 [M]. 上海: 上海教育出版社, 1992.

[15] 林崇德. 发展心理学 [M]. 北京: 人民教育出版社, 1995.

[16] 罗国杰. 中国传统道德 [M]. 北京: 中国人民大学出版社, 1995.

[17] 鲁洁. 德育社会学 [M]. 福州: 福建教育出版社, 1998.

[18] 李伯黍, 岑国桢. 道德发展与德育模式 [M]. 上海: 华东师范大学出版社, 1999.

[19] [美] 罗伯特·赖特. 道德的动物: 我们为什么如此 [M]. 陈蓉霞, 曾凡林, 译, 上海: 上海科学技术出版社, 2002.

[20] 廖金, 越东荣. 诚信与社会发展 [M]. 成都: 西南财经大学出版社, 2004.

[21] 罗家德, 叶勇助. 中国人的信任游戏 [M]. 北京: 社会科学文献出版社, 2007.

[22] 刘次林. 以学定教: 道德教育的另一种思路 [M]. 北京: 教育科学出版社, 2008.

[23] 林聚任. 社会网络分析: 理论、方法与应用 [M]. 北京: 北京师范大学出版社, 2009.

[24] 罗家德. 社会网分析讲义 [M]. 北京: 社会科学文献出版社, 2010.

[25] 刘军编. 整体网分析: UCINET 软件实用指南 [M]. 上海: 格致出版社, 上海人民出版社, 2014.

[26] [德] 马克思, 恩格斯. 马克思恩格斯选集 (第1卷) [M]. 中共中央马克思恩格斯列宁斯大林著作编译局编译, 北京: 人民出版社, 1995.

[27] [美] 麦金太尔. 德性之后 [M]. 北京: 中国社会科学出版社, 2001.

[28] [美] 米德. 心灵、自我与社会 [M]. 赵月瑟, 译, 上海: 上海译文出版社, 2005.

[29] [美] 麦瑞尔姆. 质化方法在教育研究中的应用: 个案研究的扩展 [M]. 于泽元, 译, 重庆: 重庆大学出版社, 2008.

[30] [德] 尼可拉斯·卢曼. 信任: 一个社会复杂性的简化机制 [M]. 瞿铁鹏, 等译, 上海: 上海人民出版社, 2005.

[31] [美] 诺克. 社会网络分析: 第2版 [M]. 杨松, 李兰, 译, 上海: 格致出版社, 上海人民出版社, 2012.

[32] [瑞士] 皮亚杰. 儿童的心理发展 [M]. 傅统先, 译, 济南: 山东教育出版社, 1982.

[33] [瑞士] 皮亚杰. 儿童的道德判断 [M]. 傅统先、陆有铨, 译, 济南:

山东教育出版社, 1984.

[34] 彭泗清. 关系与信任: 中国人人际信任的一项本土研究 [M]. 北京: 社会科学文献出版社, 2000.

[35] 彭贤, 李海青. 人际关系心理学 [M]. 北京: 清华大学出版社, 2013.

[36] [英] 乔治·弗兰克尔. 道德的基础: 关于道德概念的起源和目的的研究 [M]. 王雪梅, 译, 北京: 国际文化出版公司, 2007.

[37] 秦金亮. 质化研究心理学 [M]. 上海: 上海教育出版社, 2010.

[38] 孙孔懿. 教育时间学 [M]. 南京: 江苏教育出版社, 1993.

[39] [美] 斯科特. 社会网络分析法 [M]. 刘军, 译, 重庆: 重庆大学出版社, 2007.

[40] 苏彦捷. 发展心理学 [M]. 北京: 高等教育出版社, 2012.

[41] 檀传宝. 学校道德教育原理 [M]. 北京: 教育科学出版社, 2000.

[42] [法] 涂尔干. 道德教育 [M]. 陈光金, 等译, 上海: 上海人民出版社, 2001.

[43] 唐爱民. 道德教育范畴论 [M]. 北京: 北京师范大学出版社, 2012.

[44] [俄罗斯] 维果茨基. 教育心理学 [M]. 龚浩然, 等译, 杭州: 浙江教育出版社, 2003.

[45] [苏联] 维果茨基. 维果茨基教育论著选 [M]. 余震球, 译, 北京: 人民教育出版社, 2004.

[46] [苏联] 维果茨基. 心理学讲座 [M]. 罗亦超, 译, 新北: 心理出版社股份有限公司, 2005.

[47] [苏联] 维果茨基, 陆利亚. 行为简史 [M]. 台北: 洪叶文化事业有限公司, 2006.

[48] 王铭铭. 人类学是什么 [M]. 北京: 北京大学出版社, 2006.

[49] 王光荣. 文化的诠释: 维果茨基学派心理学 [M]. 济南: 山东教育出版社, 2009.

[50] 谢蕾蕾, 宋志刚, 何旭洪. SPSS 统计分析实用教程 [M]. 北京: 人民邮电出版社, 2013.

[51] [美] 约翰·马丁·里奇, [美] 约瑟佛·L. 戴维提斯. 道德发展的理论 [M]. 姜飞月, 译, 哈尔滨: 黑龙江人民出版社, 2003.

[52] [英] 亚当·弗格森. 道德哲学原理 [M]. 孙飞宇, 田耕, 译, 上海: 上海人民出版社, 2005.

[53] 杨韶刚. 道德教育心理学 [M]. 上海：上海教育出版社, 2007.

[54] 周德祯. 教育人类学导论——文化观点 [M]. 台北：台湾五南图书出版公司, 2001.

[55] 郑也夫. 信任论 [M]. 北京：中国广播电视出版社, 2001.

[56] 朱永新, 徐艳, 秦燕. 诚信启示录 [M]. 北京：高等教育出版社, 2004.

[57] 张茂聪, 唐爱民. 儿童品德发展与道德教育 [M]. 济南：山东人民出版社, 2012.

[58] 宗山. 诚信教育青少年学习读本 [M]. 北京：新华出版社, 2014.

二、外文参考文献

（一）外文论文

[1] Allal L, Pelgrims Ducrey G. Assessment of-or in-the zone of proximal development [J]. Learning and Instruction, 2000, 10 (2): 137 – 152.

[2] Barohny Eun, Steven E. Knotek, Audrey L. Heining – Boynton. Reconceptualizing the Zone of Proximal Development: The Importance of the Third Voice [J]. Educational Psychology Review, 2008, 20 (2): 133 – 147.

[3] Blum, Lawrence. Three educational values for a multicultural society: Difference recognition, national cohesion and equality [J]. Journal of Moral Education, 2014, 43 (3): 332 – 344.

[4] Clarke, Ann. Piaget, Vygotsky and Beyond: Future Issues for Developmental Psychology and Education [J]. Journal of Child Psychology and Psychiatry and Allied Disciplines, 1998, 39 (6): 936.

[5] Crystal Mata Kreitler. ACED IT: A tool for improved ethical and moral decision-making [J]. Journal of Moral Education, 2014, 43 (4): 447 – 467.

[6] Daniel M H. Intelligence testing [J]. American Psychologist, 1996, 52 (10): 1038 – 1045.

[7] Donald L McCabe, Linda Klebe Trevino. Individual and Contextual Influences on Academic Dishonesty: A Multicampus Investigation [J]. Research in Higher Education, 1997, 38 (3): 379 – 396.

[8] Dr Eleni Andreou. Bully-victim problems and their association with Machiavellianism and self-efficacy in Greek primary school children [J]. British Journal of Educational Psychology, 2004, 74 (2): 297 – 310.

[9] Emler, Nicholas. How can we decide whether moral education works? [J]. Journal of Moral Education, 1996, 25 (1): 117.

[10] Fen Xu, Angela D Evans, Chunxia Li. The role of honesty and benevolence in children's judgments of trustworthiness [J]. International Journal of Behavioral Development, 2013, 37 (3): 257 – 265.

[11] Finn, Kristin Voelkl, Frone, Michael R. Academic Performance and Cheating: Moderating Role of School Identification and Self – Efficacy [J]. Journal of Educational Research, 2004, 97 (3): 115 – 122.

[12] Holzman, Lois. Creating Developmental Learning Environments: A Vygotskian Practice [J]. School Psychology International, 1995, 16 (2): 199 – 212.

[13] James E Wanek. Integrity and Honesty Testing: What Do We Know? How Do We Use It? [J]. International Journal of Selection and Assessment, 1999, 7 (4): 183 – 195.

[14] Joseph C Campione, Ann L Brown. The zone of proximal development: Implications for individual differences and learning [J]. New Directions for Child and Adolescent Development, 1984 (23): 77 – 91.

[15] Kimberly Gilbert, Liora Pedhazur Schmelkin et al. Amultidimensional Scaling Analysis of Perceptions of Academic Dishonesty Among Fifty – Grade Students [J]. Ethics& Behavior, 2011, 21 (6): 471 – 480.

[16] Kang Lee, Victoria Talwar et al. Can Classic Moral Stories Promote Honesty in Children? [J]. Psychological Science, 2014, 25 (8): 1630.

[17] Lidz, Carol S. Dynamic Assessment and the Legacy of L. S. Vygotsky [J]. School Psychology International, 1995, 16 (2): 143 – 153.

[18] McCabe, Donald L. , Trevino, Linda Klebe. Academic dishonesty: Honor codes and other contextual influences [J]. The Journal of Higher Education, 1993, 64 (5): 522 – 538.

[19] Newstead, Stephen E, Franklyn – Stokes, Arlene. Individual differences in student cheating [J]. Journal of Educational Psychology, 1996, 88 (2): 229.

[20] Nadler. Inter-group Helping Relations as Power Relations: Maintaining or Challenging Social Dominance Between Groups Through Helping [J]. Journal of Social Issues, 2002, 58 (3): 487 – 502.

[21] Neil Granitz, Dana Loewy. Applying Ethical Theories: Interpreting and Responding to Student Plagiarism [J]. Journal of Business Ethics, 2007, 72 (3):

293 – 306.

[22] Obukhova, L F, Korepanova, I A. The Zone of Proximal Development: A Spatiotemporal Model [J]. Journal of Russian and East European Psychology, 2009, 47 (6): 25 – 47.

[23] Payne, Stephen L, Nantz, Karen S. Social accounts and metaphors about cheating [J]. College Teaching, 1994, 42 (3): 90.

[24] Pavela, Gary. Encouraging students to stop cheating [J]. Curriculum Review, 1996, 35 (5): 4.

[25] Penuel, William R, Wertsch, James V. Vygotsky and identity formation: A sociocultural approach [J]. Educational Psychologist, 1995, 30 (2): 83.

[26] Rebecca J Glover, Prathiba Natesan Moral rationality and intuition: An exploration of relationships between the Defining Issues Test and the Moral Foundations Questionnaire [J]. Journal of Moral Education, 2014, 43 (4): 395 – 412.

[27] Richard A Bernardi, Rene L Metzger. Examining the Decision Process of Students' Cheating Behavior: An Empirical Study [J]. Journal of Business Ethics, 2004, 50 (1): 397 – 414.

[28] Roberta A Ferrara, Ann L Brown and Joseph C. Campione. Children's Learning and Transfer of Inductive Reasoning Rules: Studies of Proximal Development [J]. Child Development, 1986, 57 (5): 1089 – 1099.

[29] Roberts, Dennis M, Toombs, Rebecca. A Scale to Assess Perceptions of Cheating in Examination – Related Situations [J]. Educational and Psychological Measurement, 1993, 53 (3): 755 – 762.

[30] Stephen F Davis, Cathy A Grover. Academic Dishonesty: Prevalence, Determinants, Techniques, and Punishments [J]. Teaching of Psychology, 1992, 19 (1): 16 – 20.

[31] Tappan, Mark B. Moral education in the zone of proximal development [J]. Journal of Moral Education, 1998, 27 (2): 141.

[32] Thoma, Stephen J, Rest, James R. The relationship between moral decision making and patterns of consolidation and transition in moral judgment development [J]. Developmental Psychology, 1999, 35 (2): 323 – 334.

[33] Thorpe, Maleah F Pittenger, David J, Reed, Brenda D. Cheating the researcher: A study of the relation between personality measures and self-reported cheating [J]. College Student Journal, 1999, 33 (1): 49.

[34] Tulviste, T Koor, M. "Hands Off the Car, It's Mine!" and "The Teacher Will Be Angry if We Don't Play Nicely": Gender – Related preferences in the Use of Moral Rules and Social Conventions in Preschools' Dyadic Play [J]. *Sex Roles*, 2005, 53 (1): 57 – 66.

[35] Vasily V Davydov and Stephen T Kerr. The Influence of L. S. Vygotsky on Education Theory, Research, and Practice [J]. Educational Researcher, 1995, 24 (24): 12 – 21.

[36] Victoria Talwar, Sarah – Jane Renaud, Lauryn Conway. Detecting children's lies: Are parents accurate judges of their own children's lies? [J]. Journal of Moral Education, 2015, 44 (1): 81 – 96.

[37] Ward, David A, Beck, Wendy L. Gender and Dishonesty [J]. Journal of Social Psychology, 1990, 130 (3): 333 – 339.

[38] Xiao Pan Ding, Danielle S Omrin et al. Elementary School children's cheating behavior and its cognitive correlates [J]. Journal of Experimental Child Psychology, 2014, 121 (1): 85 – 95.

[39] Zaretskii, V K. The Zone of Proximal Development: What Vygotsky Did Not Have Time to Write [J]. Journal of Russian and East European Psychology, 2009, 47 (6): 70 – 93.

[40] Dukes, Daniel L. "It's Not Cheating if You Don't Get Caught": Critical Discourse Analysis of Academic Integrity Policies in Public High Schools. [D]. The George Washington University, 2012.

[41] Moore, Sofia A. Theoretical and practical perspectives on Vygotsky's concept of the zone of proximal development [D]. Illinois State University, 2004.

[42] Makara, Kara A. Students' peer relationships, social and academic goals, and academic achievement: A social network analysis approach [D]. University of Michigan, 2013.

[43] Perer, Adam Nathaniel. Integrating statistics and visualization to improve exploratory social network analysis [D]. University of Maryland; College Park, 2008.

(二) 外文著作

[1] Bill Puka. Moral development: a compendium [M]. New York & London: Garland publishing Inc., 1994.

[2] Bottery M. The morality of the school: The theory and practice of values in

education [M]. London: Cassell, 1990.

[3] Daniels, Harry. Vygotsky and pedagogy [M]. New York: Routledge Falmer, 2002.

[4] Epp J R & Watkinson, A M. Sytemic violence: How schools hurt children [M]. Washington, DC: The Falmer Press, 1996.

[5] Gehring D, Nuss E & Pavela G. Issues and perspectives on academ ic integrity [M]. Columbus, OH: NASPA Monograph Series, 1986.

[6] Hall T L. Honor among students: Academic integrity and student cultures [M]. Unpublished Dissertation, Indiana University, 1996.

[7] Rogoff B & Wertsch J. Children's learning in the zone of proximal development [M]. San Francisco, CA: Jossey - Bass, 1984.

[8] Vander Veer R & Valsiner J. Understanding Vygotsky: A quest for synthesis [M]. Oxford, UK: Blackwell, 1991.

[9] Vygotsky L S, et al. Mind in society [M]. Boston: Harvard University Press, 1978.

[10] Vygotsky L S, et al. Collected Works of L. S. Vygotsky V. 4: The History of the Development of Higher Mental Functions [M]. New York and London, Plenum Press, 1997.

[11] Wellman B, Berkowitz S D. Social Structure of Network Approach [M]. Cambrige: Cambridge University Press, 1988.

后　　记

又是三年。

六年前，我踏上学术这片热土，开始探索属于自己的一点坐标；三年前，我有幸读博深造，继续着自己未知的学术征程。读博三年期间，我深刻地体会到学术的艰辛与困苦，感受着随之而来的满足与幸福。也许，这正是学术之路最大的魅力所在。

我亲爱的导师傅维利教授，我对您的敬畏、崇拜和感激是无法用这简单而枯燥的文字表达出来的。您不嫌学生资质愚钝，收在门下教诲三年。三年中，您的每一句教诲都已经深深印入我的脑海中——它们曾经是我在无边的学海中所不断探寻的座右铭，现在却是指引我继续这段航程的指南针。虽然对我来说将您的思想发扬光大力不能及，但我却依然愿意坚守。我的博士学位论文《小学生诚信知行转换节点研究》是在傅老师精心指导和帮助下完成的，从选题、写作、修改到最终成稿无不倾注了老师的心血，如果说我的学位论文有丝毫可取之处，都应归功于傅老师。在指点学业之外，您对我的个人生活也关爱有加，不因我常常因为家事不在学校而责备，反而耳提面命我要多多爱护家庭。您的学品和人品都是我未来人生的榜样！在即将离您而去之际，学生衷心地祝愿您身体健康、生活幸福！

我要感谢三年来教授过我的老师们：朱宁波教授、张桂春教授、杨晓教授、李德显教授和陈大超教授，以及其他为我们完成学业而辛勤忙碌的各位老师。

我要感谢读博期间结识的几位兄弟、朋友：刘剑刚，能够和你同室三年，谱写我们"六B居"的辉煌，实在是人生幸事；郎朋，能够经常和你论学，实在是人生幸事；俞睿玮，感谢你无私地提供给我心理学前沿知识，实在是人生幸事；马振、王岳、许淑婷等诸位博士同学以及李峰、周常稳等诸位硕士师弟……能够认识你们实在是人生幸事。祝愿你们在今后人生道路上都能够长风破浪、鹰击长空！

我亲爱的家人们，当这本著作呈现在你们面前的时候，也许就是表达我对你们最真诚的感谢的时候。感谢我的父母在我不能守候在他们身边尽孝时依然爱我；感谢我的岳父母能够宽容小婿，在各个方面对我的支持；感谢我的妻子张姝女士，她放弃了个人发展的机会而选择照顾家庭，为我创造了一个能够安心读书的大后方，在我不能时时陪伴在身边时，自己扛起了照顾孩子的重任，这份深情感天动地！感谢我的儿子刘澍穆，你的到来改变了我的人生，让我体会到了无限的爱与责任，也许这是我必须更好地坚持的理由吧。

感谢山东师范大学附属小学的领导、老师和实验班的同学们，深入一线研究让我对教育研究和教育事业有了更深的认识，也鼓舞了我坚守教育阵地的决心。

未来三年、三十年，我将坚守在学术这片热土上……

作 者

2018 年 8 月